Das erste Jahr

mit unserem Baby

Inhalt

Babys erste Tage 4

MIT ALLEN SINNEN IN BEZIEHUNG SEIN 5
DIE MOTORISCHE ENTWICKLUNG 5
STILLEN UND ERNÄHRUNG 7
ALLES FÜR EINEN GESUNDEN SCHLAF 13
PFLEGE UND GESUNDHEIT 15

Die ersten drei Monate 22

MIT ALLEN SINNEN IN BEZIEHUNG SEIN 23
DIE MOTORISCHE ENTWICKLUNG 28
STILLEN UND ERNÄHRUNG 33
ALLES FÜR EINEN GESUNDEN SCHLAF 41
PFLEGE UND GESUNDHEIT 44

Der 4. bis 6. Monat 48

MIT ALLEN SINNEN IN BEZIEHUNG SEIN 49
DIE MOTORISCHE ENTWICKLUNG 50
STILLEN UND ERNÄHRUNG 52
ALLES FÜR EINEN GESUNDEN SCHLAF 57
PFLEGE UND GESUNDHEIT 59

Der 7. bis 9. Monat 62

MIT ALLEN SINNEN IN BEZIEHUNG SEIN 63
DIE MOTORISCHE ENTWICKLUNG 64
STILLEN UND ERNÄHRUNG 66
ALLES FÜR EINEN GESUNDEN SCHLAF 69
PFLEGE UND GESUNDHEIT 72

Der 10. bis 12. Monat 76

MIT ALLEN SINNEN IN BEZIEHUNG SEIN 77
DIE MOTORISCHE ENTWICKLUNG 78
STILLEN UND ERNÄHRUNG 81
ALLES FÜR EINEN GESUNDEN SCHLAF 83
PFLEGE UND GESUNDHEIT 84

Service 88

DIE ERSTAUSSTATTUNG FÜR IHR BABY | SICHERHEIT IN HAUS UND GARTEN | DIE HAUSAPOTHEKE | VORSORGE IM ÜBERBLICK | FORMALITÄTEN NACH DER GEBURT | GESETZLICHE REGELUNGEN | FAMILIENERGÄNZENDE BETREUUNG

IMPRESSUM 96

Babys erste Tage

Wie oft haben Sie in den vergangenen Monaten daran gedacht, wie es sein wird, wenn Sie Ihr Baby zum ersten Mal im Arm halten, und jetzt ist es Wirklichkeit geworden: Ihr Kleines ist da! Wenn Ihr Baby Ihnen nach der Geburt in die Augen sieht mit seinem grenzenlos tiefen Blick, ist das eine Erfahrung, die für immer unvergesslich bleibt.

Mit allen Sinnen in Beziehung sein

Wie nimmt Ihr Baby die Welt wahr? Was möchte es mitteilen, wenn es weint? Am Anfang stehen viele Fragen, doch rasch lernen Sie und Ihr Kleines sich wortlos zu verstehen. Ihr Baby ist von Geburt an auf Kommunikation eingestellt.

EIN GUTER START

Die Umstellung nach der Geburt ist für ein Baby riesengroß. Am vertrautesten ist ihm die Stimme seiner Mutter, so wie ihr Herzschlag, ihr Atemrhythmus, ihr Geruch und ihre Bewegungen. Ihr Körper bleibt vorerst der Ort, wo es sich vollkommen geschützt fühlt. Bleiben Sie mit Ihrem Kind viel in unmittelbarem Hautkontakt. So wird das Hormon Oxytocin vermehrt gebildet. Es wirkt wie ein natürliches Zaubermittel, indem es vor Stress schützt und Glücksgefühle intensiviert.

SO NEHMEN BABYS DIE WELT WAHR

Sehen

Das innige Betrachten von großflächigen Mustern, von Hell-Dunkel-Kontrasten und immer wieder des Gesichts von Mutter oder Vater gehört in den ersten Lebenstagen und Wochen zu den Lieblingsbeschäftigungen Ihres Babys. Genießen Sie diesen intensiven Austausch!

Hören

Schon im Bauch nehmen Babys Geräusche der Mutter wahr – das Klopfen des Herzens, das Rauschen der großen Blutgefäße, das Gluckern des Darms. Auch äußere Geräusche konnte das Kind im Bauch bereits hören. Von der ersten Stunde an unterscheidet es deshalb die Stimme seiner Mutter von fremden Stimmen.

Riechen

Bereits Wochen vor der Geburt riecht das Ungeborene fast alles, was seine Mutter riecht. Seine feine Nase hilft dem Neugeborenen sofort, die Mutter von anderen Menschen zu unterscheiden. Sie zeigt ihm auch den Weg zu seiner Nahrungsquelle. Schon ab dem zweiten Lebenstag reagieren Babys auf starke fremde Gerüche, indem sie mit Armen und Beinen strampeln und schneller atmen.

Fühlen

Tast-, Bewegungs- und Gleichgewichtssinn sind schon seit dem zweiten Drittel der Schwangerschaft aktiv. Für die frühkindliche Entwicklung sind Körperkontakt, Stillen und häufiges Tragen besonders wertvoll.

Die motorische Entwicklung

DIE BEWEGUNGSENTWICKLUNG

Das Bewegungsvermögen wächst ebenso wie die geistigen und sozialen Fähigkeiten des Babys in rasantem Tempo. Die meisten der bereits direkt nach der Geburt auslösbaren Reflexe verschwinden nach einigen Wochen oder Monaten.

Ungeborene Babys lassen sich sanft von den Bewegungen der Mutter schaukeln, doch nach der Geburt ist alles anders. Zuletzt war es im Mutterleib eng geworden, jetzt kann das Baby seine Arme und Beine weit ausstrecken. Das ist einerseits angenehm, doch manchmal auch erschreckend – wo sind die gewohnten Grenzen? Und es gibt noch etwas Ungewohntes: die Schwerkraft. Zunächst hat Ihr Neugeborenes dieser neuen Kraft kaum etwas entgegenzusetzen und ist auf Ihrem Arm abhängig davon, dass es gut gehalten und gestützt wird.

Alleine liegen: wie Ihr Baby es mag

Kein Wunder also, wenn viele Neugeborene unwillkürlich weinen, sobald sie von den Eltern abgelegt werden. Sicher gehalten und getragen fühlen sie sich einfach am wohlsten. Trotzdem gibt es natürlich Augenblicke, in denen das nicht möglich ist. Wie bettet man ein Baby, damit es sich rundum wohlfühlt?

Wichtig in den ersten kostbaren Stunden nach der Geburt: ununterbrochener Hautkontakt und viel Nähe.

DIE ERSTEN ZWEI STUNDEN

Die ersten Stunden mit Ihrem Baby zählen zu den kostbarsten im ganzen Leben. Zahlreiche Studien haben gezeigt, wie wichtig es ist, dass Mutter und Vater in der besonders sensiblen Phase nach der Geburt ungestört und ausgiebig ihr Neugeborenes liebkosen können und dass Mutter und Kind bis nach dem ersten Stillen in ununterbrochenem Hautkontakt bleiben. Erst danach sollten die Erstuntersuchungen durchgeführt werden.

Wenn Sie Ihr Neugeborenes auf seinen Bauch legen, hat es noch nicht viele Bewegungsmöglichkeiten. Es kann seine Arme und Beine zwar anziehen und strecken, aber selbstständig heben kann es sie noch nicht. Am liebsten zieht es seine Beinchen so weit wie möglich unter den Bauch und dreht die Füßchen einwärts oder seitwärts. Wenn es müde ist, legt es den Kopf auf eine Seite. In dieser Lage findet eines seiner Händchen leichter zum Mund als in der Rückenlage: Das mögen alle Babys gerne. Weil seine Arme und Beine in der Bauchlage viel Halt haben, wodurch unwillkürliche Zuckungen verhindert werden, ist diese Lage vielen Neugeborenen angenehm, um sich auszuruhen.

Andererseits fordert die Bauchlage dem Baby jetzt noch sehr viel ab. Wenn es sein Köpfchen heben will, muss es sich mit beiden Händen und Armen abstützen – das wird schnell anstrengend. Häufig erhalten Eltern den Rat, das Neugeborene in seinen Wachphasen viel auf den Bauch zu legen, als Training für seine Rücken- und Nackenmuskulatur. Sollte Ihr Kleines die Bauchlage aber nicht mögen, brauchen Sie es nicht dazu zu zwingen. Nehmen Sie es dann lieber häufig ins gut gebundene Tragetuch.

Der schönste Platz: das Babynest

Legen Sie Ihr Baby in den ersten Wochen tagsüber lieber in ein Nestchen statt auf eine flache, unbegrenzte Unterlage: Falten Sie eine große Wolldecke zum Dreieck, dann rollen Sie diese auf, legen sie zum Kreis, schlagen die Enden ein und passen das Ganze dabei der Größe des Babys an. Nur während Sie schlafen, sollte Ihr Baby nicht im Nestchen liegen, damit sich nicht unbemerkt etwas vor seine Atemwege schiebt.

Stillen und Ernährung

Unmittelbar nachdem das Neugeborene die keimfreie Welt der Gebärmutter verlassen hat, macht sein Organismus Bekanntschaft mit Bakterien und anderen Erregern. Trinkt Ihr Kleines gleich nach der Geburt an Ihrer Brust, breiten sich in seinem Magen-Darm-Trakt vertraute Keime aus, die es vor fremden Bakterien schützen.

DAS ERSTE MAL

Sobald Sie und Ihr Baby sich ausgiebig betrachtet und beschnuppert haben, kommt der besondere Moment für das erste Stillen. Etwa 30 Minuten nach der Geburt setzt bei den meisten Babys der Saugreflex ein. Sie erkennen ihn daran, dass Ihr Kind beginnt, sein Köpfchen hin und her zu drehen und an allem zu lecken, das seine Lippen berührt. Dann ist es Zeit, ihm die Brust zu geben. Keine Eile, das Baby darf sich viel Zeit lassen und die Brust erst einmal ungestört beschnuppern und ausgiebig daran lecken. Bis das Baby schließlich eine Kleinigkeit getrunken hat und fertig ist, können eineinhalb bis zwei Stunden vergehen.

Manche Babys haben direkt nach der Geburt noch keinen Hunger und sind von den eben erlebten Strapazen so müde, dass sie einfach noch nicht trinken können. Legen Sie Ihr Kind dann nicht ins Babybettchen, sondern gönnen Sie sich und ihm fortwährend hautnahe Kuschelzeit und bleiben Sie dabei, ihm zwanglos immer wieder die Brust anzubieten und seinen Mund zu streicheln. Ansonsten helfen Sie ihm nach einigen Stunden nötigenfalls beim Trinken, indem Sie etwas Kolostrum aus Ihrer Brust massieren (siehe Seite 10) und dem Baby mit einer Pipette oder Spritze in den Mundwinkel träufeln.

Bewahren Sie Ihren natürlichen Körperduft und waschen Sie sich möglichst nur mit Wasser und unparfümierter Waschlotion. Für Ihr Baby sendet Ihre Brust unvergleichliche Duftstoffe aus.

SO KLAPPT DAS ANLEGEN

Das Wichtigste beim Anlegen ist, dass Ihre Brustwarze richtig tief im Mund Ihres Babys liegt und auch während des Trinkens an Ort und Stelle bleibt. Unterstützen Sie die Brust, an der Ihr Baby trinken soll, mit Ihrer freien Hand: Ihre Finger liegen geschlossen unter der Brust, der Daumen ohne Druck darüber. Streicheln Sie die Unterlippe Ihres Babys ganz zart mit der Brustwarze, das löst seinen natürlichen Suchreflex aus, es wendet sich der Brust zu und sucht sie mit den Lippen. Keine Eile!

Sobald Ihr Baby seinen Mund richtig weit wie ein hungriges Vögelchen öffnet, drücken Sie seine Schulterpartie ganz eng an sich. So nah an Ihnen bekommt es die Brustwarze richtig tief in den Mund. Achten Sie während des Trinkens darauf, dass nicht nur sein Kinn, sondern auch die kleine Nasenspitze Ihre Brust ganz sanft berührt, dann bleibt die Brustwarze dort, wo sie sein soll. Anfangs klappt vielleicht nicht alles auf Anhieb – aber das macht nichts. Beginnen Sie noch einmal neu mit dem Anlegen, wenn Ihr Baby beim Trinken laute Klick- oder Schmatzgeräusche macht, denn dann hat es die Brustwarze nicht richtig im Mund.

STILLPOSITIONEN

Suchen Sie sich beim Stillen die Körperhaltung aus, bei der Sie sich am wohlsten fühlen und sich am besten entspannen können.

Wiegehaltung

Sitzen Sie entspannt aufrecht, mit den Füßen auf einem Fußschemel und genügend festen Kissen im Rücken und unter den Armen. Als Stütze eignet sich auch ein Stillkissen, das sich nicht verformt. Ihr Baby liegt in Ihrem Arm, sein Rücken entlang Ihres Unterarms, das Köpfchen in Ihrer Ellenbeuge. Sollte die Höhe nicht ganz stimmen, schieben Sie noch ein Kissen unter oder nehmen einen höheren Schemel. Das Baby liegt seitlich Ihnen zugewandt, im Rücken so gestützt, dass es sein Köpfchen nicht zur Seite drehen muss, um an der Brust zu trinken. Die Position stimmt, wenn auch sein oberes Knie Sie berührt. Variante für die allerersten Tage oder ein frühgeborenes Baby: Sie halten das Köpfchen nicht in der Ellenbeuge, sondern in Ihrer Hand. So können Sie es besser führen und stützen.

Seitenhaltung

In dieser Position liegt Ihr Baby nicht vor Ihnen, sondern seitlich unter Ihrem Arm. Seine Beinchen zeigen unter Ihrer Achsel nach hinten, sein Köpfchen ruht in Ihrer Hand. Ihr Unterarm gibt seinem Rücken Halt. Sie sitzen entspannt und gut abgestützt aufrecht, Ihr Baby liegt auf einem festen und genügend hohen Kissen.

Tipp

Entspannt stillen

- Sorgen Sie für Halt: Ein Stillkissen oder viele feste, passende Kissen oder Handtuchrollen stützen Rücken, Arme, Schultern, Nacken und Kniekehlen.
- Lagern Sie das Baby gut: Beim Trinken sollte seine Nasenspitze nur einen Millimeter von Ihrer Brust entfernt sein, dann zieht es beim Saugen die Brustwarze tief genug in die Mitte seines Mundes. Damit es sein Köpfchen nicht zur Seite drehen muss, um sich der Brust zuzuwenden, stützen Sie seinen Rücken so, dass auch sein oberes Knie Ihren Bauch berührt.
- Bleiben Sie entspannt: Nutzen Sie jede Stillmahlzeit für Ihre eigene Erholung! Spüren Sie zwischendurch immer wieder achtsam nach und lassen Sie jede Anspannung wegschmelzen wie Eiscreme in der Sonne. Je besser Sie sich entspannen können, desto leichter fließt die Milch.

Im Liegen

Im Liegen ist das Stillen besonders erholsam für Sie – und das nicht nur in der Nacht. Auch tagsüber sollten Sie ruhig so oft wie möglich im Liegen stillen und damit Ihren Beckenorganen die Rückbildung erleichtern.

- Seitenlage: Sie liegen auf der Seite, Ihr Kopf ruht auf einem festen Kissen. Achten Sie darauf, dass Ihre untere Schulter direkt auf der Matratze und nicht auf Ihrem Kissen liegt. Ihr Baby liegt ebenfalls auf der Seite und ist Ihnen ganz zugewandt, sein oberes Knie an Ihrem Bauch, das Gesichtchen vor Ihrer Brust. Damit die Höhe stimmt, schieben Sie entweder dem Baby oder Ihrer Brust ein entsprechend dick gefaltetes Tuch unter, damit das Baby bequem an die Brustwarze kommt. Im Rücken werden Sie beide von Kissen gestützt. Probieren Sie aus, ob es bequemer ist, wenn Sie Ihren Oberarm unter den Kopf des Babys legen – das hängt von der Größe des Babys und der Brust ab.
- Rückenlage: Sie liegen ganz entspannt auf dem Rücken im Bett oder auf der Couch – mit bequem aufgestütztem Oberkörper und einer dicken Rolle unter Ihren Kniekehlen – und Ihr Baby liegt bäuchlings auf Ihnen, mit dem Mund direkt an der Quelle. In dieser Lage kann es sehr gut selbst aktiv werden und mithilfe seiner natürlichen Reflexe die richtige Stelle an der Brust finden, seinen Mund weit öffnen und sich auf diese Weise selbst perfekt andocken.

SUPERFOOD KOLOSTRUM

Sofort nach der Geburt und in den ersten Tagen danach bekommt das Baby an der Brust Kolostrum, die hoch spezialisierte, natürliche Neugeborenen-Nahrung. Sie enthält reichlich Leukozyten und Immunglobuline in stark konzentrierter Form, die Ihr Kind vor Krankheitserregern schützen. Nie wieder ist diese Konzentration von Abwehrkörpern so hoch wie ganz zu Beginn des Lebens. Wie ein unsichtbarer Schutzfilm überziehen diese Stoffe die Schleimhaut des gesamten Verdauungstrakts (Mund, Speiseröhre, Magen, Darm, Harnleiter) sowie der Atemwege (Nase, Luftröhre, Bronchien). Gleichzeitig aktiviert Kolostrum das Lymphsystem des Darms, welches sofort zusätzliche Abwehrkräfte mobilisiert. Dass das Kolostrum eher spärlich fließt, hat einen guten Grund: Mehr kann der noch sehr kleine Magen Ihres Neugeborenen nicht auf einmal aufnehmen. Es wird aber trotz der geringen Menge satt, weil Kolostrum so konzentriert und gehaltvoll ist.

JE ÖFTER, DESTO BESSER

In den ersten Lebenstagen ist es besonders wichtig, so häufig wie möglich zu stillen. Viele Studien haben gezeigt, dass Babys, die in den ersten Tagen überdurchschnittlich viel Kolostrum zu sich nehmen, mehr Gewicht zulegen und niedrigere Bilirubinwerte haben, also eine mildere oder gar keine Neugeborenengelbsucht entwickeln.

Rund um die Uhr zusammen sein

Neugeborene Babys, die mit ihrer Mutter zusammen sind und auf Verlangen gestillt werden, trinken während der ersten Lebenstage

HILFE BEIM TRINKEN

Babys nehmen in den ersten Tagen normalerweise ein wenig Gewicht ab, auch wenn sie genug trinken. Erreicht dieser Gewichtsverlust jedoch die magische Marke von sieben bis zehn Prozent ihres Geburtsgewichts, muss ihnen beim Trinken etwas geholfen werden: Die kostbaren Kolostrum-Tropfen werden dann per Hand aus der Brust massiert und von einer zweiten Person mit einem Löffelchen aufgefangen oder mit einer (nadellosen) Einweg-Spritze aufgesogen und anschließend dem Baby eingeflößt, während es an der Brust ist. Das »Ausstreichen« des Kolostrums ist besser als der Versuch, es mit einer Milchpumpe zu gewinnen, weil die kostbaren Tropfen sich im Trichter der Milchpumpe verlieren würden. Solange das Baby nicht selbstständig trinkt, ist es für die Milchbildung gut, wenn diese Brustmassage mit Ausstreichen des Kolostrums etwa acht Mal innerhalb von 24 Stunden erfolgt. Manche Babys sind noch einige Zeit so saugschwach, dass sie diese Hilfe länger brauchen. Sobald die reife Muttermilch fließt, können Sie diese um Zeit zu sparen auch mit einer guten Pumpe gewinnen und sie jeweils nach dem Stillen zufüttern.

im Durchschnitt achtmal. Sobald die Brust von Kolostrum auf reife Muttermilch umgestellt hat, verlangt das Baby dann aber innerhalb von 24 Stunden bis zu fünfzehnmal die Brust.
In der zweiten Lebenswoche geht dieser erste große Ansturm deutlich zurück. Von da an wird im Durchschnitt acht- bis zehnmal pro Tag gestillt. Achten Sie möglichst schon auf die ersten zarten Hungeranzeichen: Wenn Ihr Baby vor Hunger bereits weint, ist der beste Zeitpunkt fürs Anlegen überschritten. Geben Sie ihm die Brust schon bei den allerersten Anzeichen von Hunger und stillen Sie nach Bedarf, dann kann es ruhiger trinken und hat weniger Verdauungsbeschwerden.

Hat das Baby schon wieder Hunger?

Für ein Neugeborenes sind Hunger und Verdauung noch mit ungewohnten und erschreckenden Empfindungen verbunden. Das Saugen beruhigt Babys Magen-Darm-Trakt und die Körpernähe der Mutter sein Nervensystem. Deshalb sollte Ihr Kind möglichst die ganze Zeit bei Ihnen und nicht im Säuglingszimmer liegen. Wenn es anfängt, die Stirn zu runzeln, das Köpfchen hin und her zu drehen, mit den Lippen zu schmatzen und seine Fingerchen in den Mund zu stecken, können Sie ihm immer gleich die Brust anbieten. Dann ist sein Hunger noch nicht so groß, dass es ungeduldig wird.

In der Klinik

Müssen Sie Ihr Baby vorübergehend ins Säuglingszimmer geben, sorgt ein Schild an seinem Bettchen dafür, dass Sie es ausschließlich stillen können. Schreiben Sie darauf: »Bitte kein Fläschchen geben. Wenn ich weine, möchte ich schnell zu meiner Mama.« Haben Sie sich für die Zeit nach der Klinikentlassung eine gute Versorgung organisiert und steht Ihre Nachsorgehebamme schon bereit, dann ist es unter Umständen sinnvoller, schon vor dem normalen Entlassungstag mit Ihrem Baby nach Hause zu gehen. Zumin-

DIE BRUST VON HAND ENTLEEREN

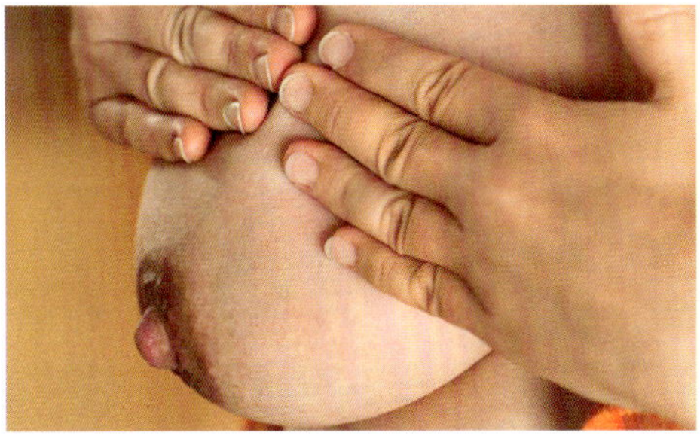

1. Legen Sie beide Hände flach an die Brust und schieben Sie das Drüsengewebe sanft hin und her.

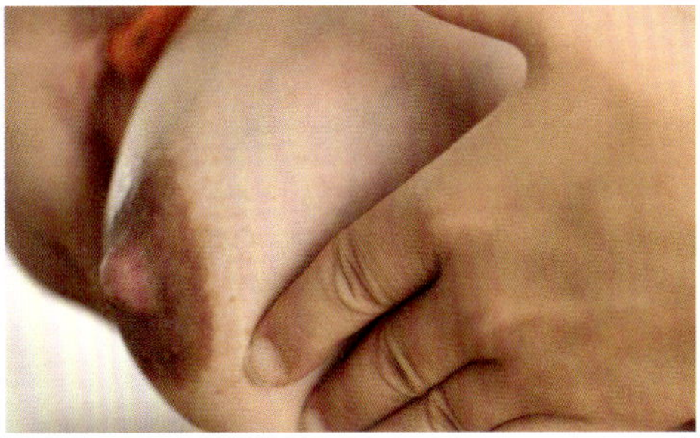

2. Um die Milch zum Fließen zu bringen, streichen Sie sanft mit Ihren Fingern vom Brustansatz her über die Brustwarze.

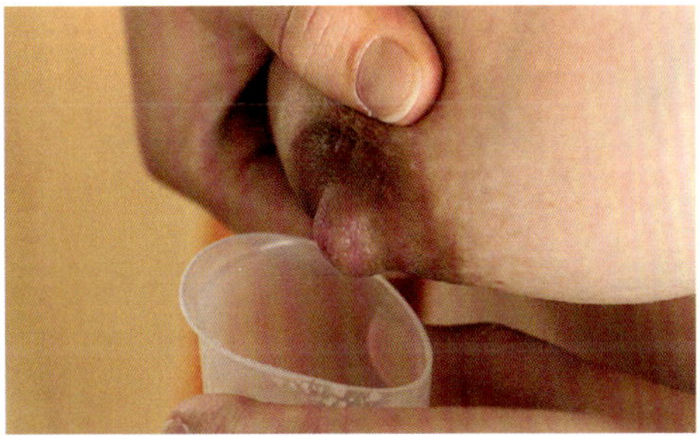

3. Nun können Sie die Milch tröpfchenweise sanft herausdrücken, indem Sie Daumen und Finger hinter den Warzenhof legen und dann sanft nach vorne in Richtung Brustwarze schieben.

dest sollte dieser nicht auf den Tag fallen, an dem Sie Ihren Milcheinschuss haben. Denn da brauchen Sie Ihre gesamte Energie.

Der Milcheinschuss

Irgendwann zwischen dem zweiten und sechsten Tag nach der Geburt stellt die Brust von Kolostrum auf Milch um: Die Brustdrüsen werden meistens innerhalb von wenigen Stunden oder über Nacht prallvoll mit Milch. Stillen Sie an diesem Tag so oft und so viel Sie können! Wenn Ihre Brüste so prall sind, dass es dem Baby schwerfällt, die Brustwarzen richtig zu fassen, lassen Sie sich dabei helfen, überschüssige Milch auszustreichen.

Anpassung und Rückbildung

In der ersten Woche des Stillens erleben viele Frauen, dass ihre Brustwarzen etwas gereizt auf die ungewohnte Beanspruchung reagieren: Sie röten sich und werden berührungsempfindlich. Manchmal schmerzt die Brust bei den ersten Zügen des Babys, weil die Milchgänge sich weiten. Normalerweise beginnen diese Symptome um die zwanzigste Stillmahlzeit herum, halten ein paar Tage lang an und klingen dann von selbst wieder ab. Auch Gebärmutterkontraktionen, sogenannte Nachwehen, werden beim Saugen an der Brust verstärkt und können schmerzen, sind aber gut für die rasche Rückbildung.

Sollte die Reizung Ihrer Brustwarzen nicht abnehmen, sondern schlimmer werden, warten Sie nicht ab, sondern holen sich sofort kompetente Hilfe durch eine Stillexpertin. Bitten Sie sie, während einer kompletten Mahlzeit zuzusehen und Ihnen dann zu sagen, was Sie noch besser machen könnten.

KRITISCHE UMSTÄNDE MEISTERN

Wenn der Start nicht optimal verläuft, dauert es oft ein wenig länger, bis das Stillen Freude macht. Aber die Anfangsmühe lohnt sich! Je früher sich die Eltern um die Unterstützung einer speziell geschulten Stillfachkraft kümmern, desto besser!

Stillen nach Kaiserschnitt

Nichts spricht dagegen, Ihr Baby nach der OP so bald wie möglich anzulegen. Bei örtlicher Betäubung können Sie Ihrem Kind die Brust geben, sobald die Operation abgeschlossen ist. Bei Vollnarkose müssen Sie zuerst ausschlafen, danach steht dem Stillen nichts im Weg. Beim Anlegen muss Ihnen anfangs geholfen werden. Die meisten Mütter stillen nach Kaiserschnitt zunächst aufgestützt auf dem Rücken liegend, mit dem Baby bäuchlings oder seitlich angelegt. Aber auch auf der Seite liegend oder im Sitzen mit einem schützenden Kissen auf der Bauchwunde funktioniert es. Behalten Sie das Baby am besten in Ihrem Bett. Der Milcheinschuss kann nach einer Schnittentbindung ein paar Tage später kommen, das ist normal.

»Flache« Brustwarzen

Richten sich Ihre Brustwarzen bei Berührung nicht auf, sondern ziehen sich vielleicht sogar eher nach innen, ist dies kein Hindernis für eine glückliche Stillzeit. Doch es wird für Ihr Baby anfangs etwas schwerer sein, die Brust gut zu fassen. Pflegen Sie umso mehr Hautkontakt, das stärkt alle instinktiven Sinne und hormonellen Vorgänge, und lassen Sie Ihr Baby häufig üben, die Brust selbst zu fassen. Bewahren Sie Ihr Kind vor allem vor Saugern jeglicher Art einschließlich Fingerkuppen, damit seine Mundmotorik leichter lernt, unter genau den Bedingungen erfolgreich zu saugen, die es an Ihrer Brust vorfindet.

Müde Babys stillen

Ein erhöhter Bilirubinwert macht das Neugeborene vielleicht schon am zweiten Lebenstag schläfrig – dann muss es zum Trinken angeregt werden. Wenn sich Ihr Baby nicht von selbst meldet, wecken Sie es alle zwei bis drei (nachts vier) Stunden auf, um es anzulegen. Dafür wischen Sie ihm mit einem leicht feuchten Waschlappen das Gesicht ab oder Sie ziehen ihm die Söckchen aus und reiben seine Fußsohlen. Auch beim Wickeln werden Babys meistens wach. Dasselbe hilft, wenn das Baby schon nach wenigen Schlucken Milch wieder wegdöst.

Zufüttern und »Pump«-Stillen

Um zu Kräften zu kommen, brauchen manche Babys vorübergehend zusätzlich zu dem, was sie an der Brust erhalten, noch andere Nahrung wie Traubenzuckerlösung oder, falls es länger dauert, auch adaptierte Kuhmilch (»Pre-Nahrung«). Das Wichtigste ist jetzt, dass das Baby auf keinen Fall Hunger leidet! Sie werden Ihr Baby trotzdem schon bald voll stillen können, wenn Sie die folgenden Dinge wissen und beachten:

- Zugefüttert wird möglichst nicht mit dem Fläschchen, weil ein normaler Flaschensauger zu einer Saugverwirrung führen kann, die das Stillen beeinträchtigt. Zufüttern geht mit Spritze oder Pipette, Becher oder auch Brusternährungsset. Eine persönliche Anleitung ist in diesem Fall das Beste.
- Absolut unerlässlich beim Zufüttern von anderer Nahrung ist der Einsatz einer

Milchpumpe mit guter Saugkraft, weil die Milchbildung unerbittlich nach dem Prinzip von »Angebot und Nachfrage« funktioniert. Wenn Ihr Baby lieber schläft, als an der Brust zu saugen, nimmt ihm die Pumpe die Anregung der Milchbildung ab – es kann nichts schiefgehen! Nicht vergessen: Es geht um die Anregung der Milchbildung, deshalb auf keinen Fall aufhören, »weil keine Milch kommt«. Gute Milchpumpen werden in Apotheken gegen Rezept ausgeliehen.

Anfängliche Trennung
Selbst wenn Ihr Baby auf die Intensivstation verlegt werden musste, kann es meistens Ihre Milch bekommen. Das geht sogar bei Sondenernährung, wenn Ihr Baby viel zu früh zur Welt kam. Lassen Sie Ihre Hebamme sofort wissen, dass Sie stillen werden und dass Sie Hilfe dabei brauchen, Ihre Milch vorläufig abzupumpen. Jeder Tropfen Kolostrum ist wertvoll. Es enthält bei einem frühgeborenen Baby noch mehr Schutzfaktoren als sonst; die Milch danach auch. Obgleich Babys mit einem Gewicht unter 1500 Gramm eine spezielle Frühgeborenennahrung bekommen, ist es sinnvoll, diese so oft wie möglich mit der kostbaren Muttermilch anzureichern.

ERNÄHRUNG MIT DEM FLÄSCHCHEN

Stillen ist für Babys die natürlichste Ernährung. Aber auch wenn ein Baby nicht gestillt wird, kann die angenehme Erfahrung des Sattwerdens mit ähnlich viel Nähe wie beim Stillen verbunden sein. So kann die Mutter sich ihr Neugeborenes beispielsweise auf die nackte Brust legen. Das kann übrigens auch der Papa machen. Für die motorische Entwicklung ist es besser, das Baby während der Fläschchenmahlzeiten abwechselnd im linken und rechten Arm zu halten.

Alles für einen gesunden Schlaf

Die Schlaf- und Wachphasen eines Neugeborenen verteilen sich noch relativ gleichmäßig rund um die Uhr – vorläufig unbeeindruckt vom Tag-Nacht-Rhythmus. Mit seinen ungewöhnlichen Schlafgewohnheiten stellt das Baby das Leben seiner Eltern ziemlich auf den Kopf.

WO BABYS SCHLAFEN

Der beste Schlafplatz für Ihr Kind
Am besten schlafen Babys im selben Zimmer wie ihre Eltern. Und wenn das Baby gut schläft,

Tipp

In der Klinik

Der Schlafrhythmus Ihres Babys bringt den Ihren zunächst einmal ganz schön durcheinander. Da hilft: Co-Sleeping! Schlafen, wann immer das Baby schläft. Selbstverständlich im selben Bett, denn wer immerzu aufsteht, hat bald keine Kraft mehr. Was brauchen Sie dazu? Ganz viel Ruhe! Im Kliniktrubel sorgt dafür ein (mitgebrachtes) Schild an Ihrer Zimmertür: »Bitte nicht stören. Wir möchten schlafen. Danke.« Bitten Sie Ihren Partner, die meisten Besucher ein wenig zu vertrösten. Oft überschätzen Mütter in der ersten Euphorie ihre Kräfte.

Tipp

Gemeinsam schlafen? Aber sicher!

- Das Baby schläft in Rückenlage.
- Die Matratze ist so fest, dass das Baby nicht einsinkt. Sehr weiche Matratzen, Sofas, Klappbetten und Wasserbetten sind absolut ungeeignet.
- Das Bett hat nirgends einen Spalt, der so groß ist, dass das Kind hineinrutschen könnte – weder am Rand noch zwischen zwei Matratzen.
- Es gibt kein schweres Bettzeug in der Nähe des Babys, unter dem es sich ungewollt verkriechen könnte.
- Das Baby liegt im eigenen Schlafsack. Geeignete Nachtwäsche sorgt dafür, dass ihm weder zu warm noch zu kalt wird.
- Das Baby liegt nicht unter der Decke seiner Eltern. Die Körperwärme, die sie ausstrahlen, könnte es überhitzen.
- Bei mehreren Kindern im Familienbett liegt immer ein Erwachsener zwischen zwei Kindern.
- Für Haustiere ist das Bett tabu.
- Nur Nichtraucher schlafen in der Nähe des Babys. Die Atemluft von Rauchern ist mit Nikotin- und Schadstoffresten belastet, die einem Säugling schaden.
- Nur gesunde und nicht alkoholisierte Eltern teilen ihr Bett mit dem Baby.
- Hat ein Elternteil starke Medikamente, insbesondere Schlafmittel, eingenommen, schläft er in dieser Nacht in einem separaten Bett.

schlafen auch die Eltern besser. »Sobald unsere Maus das erste Mal aufwacht, holen wir sie zu uns ins Bett«, erklären viele Eltern. Sie haben recht, doch sie betrachten den kleinen Mitschläfer als eine vorübergehende Notlösung. Bald wird das Baby ja nachts durchschlafen, meinen sie, in seinem schönen, eigenen Bettchen. Doch irgendwann kommen die Zähnchen, und eines Nachts der unvermeidliche erste Husten … und immer wieder werden vernünftige Eltern ihr Kind zu sich ins Bett holen.

Bis das Baby verlässlich durchschläft, ist ihm sein Gitterbettchen oft zu klein geworden. So stellt sich die Frage: Spricht eigentlich etwas dagegen, aus der Notlösung eine Tugend zu machen und das große Elternbett von Anfang an zum Familienbett umzufunktionieren?

Das Familienbett

Das Familienbett ist die älteste und bewährteste aller Schlaftraditionen. Wenn Ihnen das Elternbett für drei zu eng ist, können Sie statt einer kleinen Baby-Matratze eine gute Matratze in Normalgröße kaufen und Ihr Bett damit zum Familienbett erweitern. Das ist eine Lösung mit Zukunft, denn auf seiner normal großen Matratze wird das Baby auch später noch schlafen – im Kinderzimmer.

Wenn ein Bettrahmen im Weg ist, kann der vorübergehend auf den Speicher geräumt werden. Außerdem: Je näher das große, gemeinsame Nachtlager dem Boden ist – ein Lattenrost gehört unbedingt unter jede Matratze –, desto geringer ist die Gefahr, dass sich Ihr Baby verletzt, wenn es sich dreht und dabei über den Rand kullert.

SCHUTZ VOR DEM PLÖTZLICHEN SÄUGLINGSTOD

Es ist eine gute Nachricht: Der Plötzliche Säuglingstod (SID, englisch: Sudden Infant Death) nimmt seit 1990 beständig ab. Im Jahr 1991 wurden in Deutschland 1285 Fälle gezählt, im Jahr 2009 waren es nur noch 193 Fälle. Ein grundsätzlich erhöhtes Risiko ist bei Säuglingen gegeben, die in Bauchlage schlafen, die weniger als sechs Wochen lang gestillt werden und deren Eltern rauchen.
In den 1980er-Jahren wurde Eltern die Bauchlage für ihr Baby noch vehement empfohlen, seit 1990 rät man von dieser Schlafstellung mit derselben Vehemenz ab. Im Jahr 1982 wurden nur zwei von 100 Säuglingen im Alter von vier Monaten noch voll gestillt, heute sind es 49 von 100. Und das Rauchen ist stark rückläufig. Sollten Sie übrigens zu den Vätern und Müttern gehören, denen es schwerfällt, damit aufzuhören, achten Sie vor allem darauf, nicht in der Wohnung zu rauchen, und suchen Sie sich Hilfe.

Uralte Schutzmechanismen

Und machen Sie sich keine Sorgen darüber, dass Sie nachts versehentlich auf Ihr Baby rollen könnten: Derselbe Mechanismus in Ihrem Schlafbewusstsein, der Sie davon abhält, jede Nacht mehrmals aus dem Bett zu fallen, hält Sie auch davon ab, sich auf Ihr Baby zu legen. Sie dürfen sicher sein, dass Ihr Kind nah bei Ihnen gut gebettet ist. Diese Schutzfunktion wurde mit Tausenden von Filmaufnahmen überprüft.

Pflege und Gesundheit

Vernix caseosa

Seine erste Pflegecreme bringt das Baby selber mit. Das ist die Vernix caseosa (auch »Käseschmiere«), die sich bereits im fünften Schwangerschaftsmonat entwickelt hat. Sie wirkt in den Stunden nach der Geburt als zusätzliche Wärmehülle und schützt die Haut. Deshalb soll man sie nicht entfernen – besser lässt man sie allmählich in die Haut einziehen. Wenn nach einer Woche noch Reste davon zu finden sind, können Sie diese mit einem weichen, feuchten Tuch sanft entfernen. Bei Ihrem Neugeborenen ist keine Vernix da? Dann wurde sie sozusagen schon im Mutterleib aufgebraucht, und das bedeutet, dass es Ihrem Baby dort so gut gefallen hat, dass es lieber noch ein wenig länger geblieben ist.

Lanugobehaarung

Als Lanugohaar (lat. lana = Wolle) bezeichnet man die flaumige Körperbehaarung, die sich in der Schwangerschaft entwickelt hat. Normalerweise verschwindet es zum Ende der Schwangerschaft. Je weniger davon noch vorhanden ist, desto reifer wird das Kind eingeschätzt.

Hautflecken

Das Neugeborenen-Exanthem (ein rotfleckiger, leichter Ausschlag, der manchmal auch gelbe Pusteln haben kann), der Storchenbiss (auch Nävus, rote Flecken, meist an der unteren Haargrenze am Hinterkopf) und Blutschwämmchen (Hämangiom, eine Ansammlung von Blutgefäßen) sind harmlose Hautflecken, die bald wieder vergehen.

Hautwechsel

Nicht erschrecken: Wenige Tage nach der Geburt kann sich die oberste Hautschicht des Neugeborenen abschälen – besonders im Bauch- und Brustbereich, an den Händen und Füßen. Das ist vollkommen normal und bedeutet keineswegs, die Haut sei zu trocken geworden oder Sie hätten sie nicht richtig gepflegt!

Neugeborenen-Akne

Kaum auf der Welt, bekommen manche Babys schon bald Pickelchen im Gesicht und Brustbereich. Das hat mit einer hormonellen Umstellung zu tun: Der Organismus des Babys ist jetzt unermüdlich damit beschäftigt, alle Schwangerschaftshormone abzubauen und allmählich auszuscheiden. Die Neugeborenen-Akne ist vollkommen harmlos und heilt nach wenigen Tagen von ganz alleine wieder ab.

Schwellung der Geschlechtsorgane und Brustdrüsen

Hormonell bedingt können die äußeren Geschlechtsorgane Ihres Neugeborenen geschwollen sein. Bei kleinen Jungen ist oft der Hodensack überproportional groß, bei kleinen Mädchen sind es die äußeren Schamlippen. Manchmal ist auch ein vaginaler Ausfluss, sehr selten sogar eine leichte Blutung in den ersten Tagen zu bemerken. Bei beiden Geschlechtern können die Brustdrüsen vergrößert sein und sogar ein wenig Milch absondern. All das ist vollkommen harmlos und wird vom kleinen Organismus im Verlauf der Anpassungsvorgänge seines Stoffwechsels innerhalb einiger Zeit normalisiert.

Dunkler Stuhl und Urin

Am ersten Tag nach der Geburt ist der Stuhl Ihres Neugeborenen schwarz wie Pech. Er ist noch kein Verdauungsprodukt, sondern hat sich vor der Geburt im Darm angesammelt. Er ist fast geruchlos und sehr klebrig.

Schon ab dem zweiten Tag wird der Stuhl allmählich heller, und nach drei bis fünf Tagen hat das Baby dann den typischen Muttermilchstuhl: senfgelb oder grünlich-gelb mit sämiger, flüssig-körniger (wie Erbsensuppe) oder auch flockiger Konsistenz, ungeformt, vielleicht mit ein wenig Schleim, von mildem, nicht unangenehmem Geruch. Bekommt das Baby statt Muttermilch aber Pre-Nahrung, ist der Stuhl grünlich und von lehmiger Konsistenz, und er riecht eher fäkal.

Ab dem zweiten Lebenstag ist es normal, dass das Baby täglich mindestens drei und eher bis

TRINKT DAS BABY GENUG?

Wenn der Stuhl länger dunkel bleibt und ein Baby täglich weniger als drei Stuhlwindeln hat, könnte das bedeuten, dass es nicht genug trinkt. Lassen Sie das Stillen deshalb von einer Fachfrau begleiten. Auch dunkelgelber Urin kann auf Flüssigkeitsmangel hinweisen, wenn Ihr Baby weniger als sechs richtig nasse Windeln in 24 Stunden hat. Dann müssen Sie unbedingt öfter anlegen und sollten das Stillen und die Milchbildung mit der Hebamme oder einer Stillberaterin abklären.

zu zehn Stuhlwindeln hat. Erst nach vier bis sechs Wochen wird der Stuhlgang seltener.

Nasse Windeln hat das Neugeborene zuerst etwa zweimal am Tag, doch schon am dritten Tag werden es mehr, und ab dem vierten Tag sind es mindestens sechs bis acht nasse Windeln täglich, sein Pipi ist klar bis strohgelb. Rötliche Harnsedimente (Ziegelmehlsediment) können in den allerersten Tagen einmal vorkommen, da die Nieren und die Blase entschlacken. Sie sind in der Regel völlig harmlos.

Neugeborenengelbsucht

Neugeborene haben rund doppelt so viele rote Blutkörperchen im Blut, wie sie außerhalb des Mutterleibs benötigen. Diesen Überschuss müssen sie in den ersten Lebenstagen abbauen. Der dabei freigesetzte Farbstoff Bilirubin wird von der Leber über die Galle abtransportiert und über den Darm ausgeschieden. Bei etwa jedem zweiten gesunden Neugeborenen (und fast allen Frühgeborenen) geht dieser Transport nicht rasch genug – der Bilirubinwert im Blut steigt an. So entsteht eine gelbliche Verfärbung der Haut und der Augenbindehaut.

Eine zu hohe Bilirubinkonzentration ist riskant für das Gehirn, deshalb misst man bei Gelbfärbung der Haut den Bilirubinwert und behandelt das Neugeborene ab einem Wert von 20 mg / dl mit Lichttherapie in der Klinik, das ist ungefähr bei zwei von 100 Babys nötig.

Die Neugeborenengelbsucht (Hyper-Bilirubinämie) erreicht ihren Höhepunkt normalerweise zwischen dem zweiten und fünften Lebenstag und dauert etwa zehn Tage an. So können Sie den Stoffwechsel Ihres Babys bei der Bilirubin-Ausscheidung unterstützen:

- Häufig anlegen: Geben Sie Ihrem Baby gleich vom ersten Tag an so oft wie möglich die Brust. »Gelbe« Neugeborene sind meist müde, müssen zum Trinken geweckt werden und brauchen Hilfe (siehe Seite 12).
- Viel Licht: Der beste Platz für das Neugeborene ist nah am Fenster. Es darf auch mal ein Stündchen nach draußen, sofern das Wetter mitspielt.
- Viel Wärme: Abkühlung sollte beim Baby sowieso stets vermieden werden – wickeln Sie Ihr Neugeborenes grundsätzlich unter dem Wärmestrahler, ziehen Sie ihm vorgewärmte Sachen an und baden Sie es vorerst noch nicht. Körperwärme unterstützt die Leberfunktion, Abkühlung schwächt sie.

SCHONENDE HAUTPFLEGE

Babyhaut ist viel dünner als die Haut von Erwachsenen. Achten Sie deshalb beim Kauf von Baby-Pflegeprodukten besonders darauf, dass sie frei sind von künstlichen Duftstoffen und von jeglichen Chemikalien, wie Konservierungsmitteln und Emulgatoren. Besonders hautverträglich sind reine, naturbelassene Pflanzenöle, wie Sesamöl oder Mandelöl, gerne mit den pflegenden Pflanzenzusätzen der Ringelblume (Calendula).

Nabelpflege

Wenn das Neugeborene abgenabelt ist, wird der am Körper bleibende kleine Rest der Nabelschnur mit einer Klemme verschlossen, um ein Nachbluten zu verhindern. Innerhalb der ersten oder zweiten Woche nach der Geburt trocknet er ein, verfärbt sich dunkel und fällt ab. Bis dahin ist seine Pflege zwar unkompliziert, sie

erfordert aber große Sorgfalt, denn der Nabel sollte sich nicht entzünden. Reinigen Sie ihn jeden Tag einmal sehr aufmerksam und sanft mit einem weichen Tuch, das sie in handwarmes Wasser getunkt haben, und tupfen Sie den Nabel anschließend sachte mit einem sauberen weichen Läppchen trocken. Waschen Sie sich jeweils vor- und nachher gründlich die Hände mit einer desinfizierenden Seife. Ansonsten sollte der Nabel möglichst komplett in Ruhe gelassen werden und vor allem trocken liegen.
Achten Sie deshalb beim Wickeln darauf, dass der Nabel nicht von der Windel bedeckt ist, sie sollte auch nicht daran reiben. Schlagen Sie die Windel beim Wickeln einfach vorne nach innen um, damit sie nicht an den Nabel heranreicht.
Sollte sich der Nabel stark röten, sehr viel Sekret absondern, eitern, anschwellen oder unangenehm riechen, muss er von der Hebamme oder dem Kinderarzt behandelt werden.
Bis die Nabelwunde vollständig verheilt, können drei Wochen vergehen. Solange der Nabel aber gut aussieht und keine Entzündungszeichen auftreten, darf das Baby auch davor schon gebadet werden.

So wickeln Sie Ihr Baby

Legen Sie sich vor dem Wickeln bereits alles zurecht, und schalten Sie rechtzeitig den Heizstrahler an. Lassen Sie Ihr Kind nie unbeaufsichtigt auf dem Wickeltisch liegen, auch wenn sich die meisten Babys erst nach dem dritten Monat drehen können – es gibt immer unerwartete Ausnahmen von dieser Regel.
Legen Sie Ihr Baby auf den Rücken. Greifen Sie mit Ihrer Hand samt Unterarm unter einem seiner Oberschenkel durch und fassen Sie nun mit derselben Hand den anderen Oberschenkel von oben. So können Sie den Po Ihres Babys hochheben, ohne seine zarten Hüftgelenke zu belasten. Halten Sie Blickkontakt und erklären Sie Ihrem Kind, was Sie mit ihm tun.
Wischen Sie den Po Ihres Babys immer von vorne nach hinten sauber. Dieses Vorgehen ist besonders bei Mädchen wichtig, damit keine Keime vom After in die Scheide gelangen können. Bei Jungen heben Sie den Hodensack vorsichtig an und reinigen Sie auch den darunter liegenden Teil gründlich.
Legen Sie nun die frische Windel unter und schließen Sie sie so, dass sie nicht zu locker, aber auch nicht zu fest sitzt.

Hautpflege im Windelbereich

Um den Windelbereich zu säubern, wäre es besser, auf Feuchttücher zu verzichten, da deren chemische Zusatzstoffe die dünne Babyhaut leicht angreifen können. Für unterwegs können Sie kleine Stofflappen anfeuchten und in Plastikbeuteln mitnehmen. Zu Hause gönnen Sie dem Babypopo ein kurzes Tauchbad im Waschbecken oder säubern ihn unter fließendem Wasser. Ist trotz aller Vorsicht einmal Stuhl angetrocknet, lösen Sie ihn mit neutralem Pflanzen- oder Calendulaöl ohne Zusatzstoffe.
Vermeiden Sie, dass Ihr Baby in einer feuchten Windel liegt, lassen Sie Stuhl und Urin möglichst nicht zusammenkommen, beziehungsweise wechseln Sie dann die Windel rasch, denn diese Kombination ist um ein Vielfaches hautreizender. Das können Sie tun, wenn Ihr Baby wund ist:

- Wickeln Sie häufiger, damit Ihr Baby kaum im Nassen liegt.

Tipp

Das gehört in die Wickeltasche

- Mindestens 2 Ersatzwindeln (oder mehr, wenn Sie länger unterwegs sind)
- Mehrere kleine Plastiktüten zur Windelentsorgung
- 1 bis 2 Garnituren Wechselwäsche (Body, Strampler, Jäckchen)
- 1 kleine Plastiktüte mit feuchten Waschlappen (oder Feuchttücher)
- 1 Wickelunterlage
- 1 kleine Plastikflasche mit Pflegeöl
- Bei Bedarf etwas Wundcreme
- Papiertaschentücher
- Desinfektionstücher als Ersatz fürs Händewaschen, wo das nicht geht

- Waschen Sie beim Wickeln die Haut gründlich – am besten unter fließendem Wasser. Danach tupfen Sie besonders die tiefen Hautfalten sorgfältig trocken.
- Lassen Sie Ihr Baby nackt strampeln, damit Luft an die Haut kommt.
- Behandeln Sie gerötete Haut mit Calendula-Babycreme.
- Kommt Wundsein trotz häufigen Wickelns öfter vor, hilft vielleicht ein Wechsel der Fertigwindelmarke oder bei Stoffwindeln ein anderes Waschmittel.

DRINNEN UND DRAUSSEN

Mit dem Baby ins Freie

Mit einem Baby, das jünger als ein halbes Jahr ist, sollten Sie weder bei Frost noch bei Nebel, Sturm oder großer Mittagshitze spazieren gehen. An kalten Tagen schützen Sie die Gesichtshaut Ihres Kindes vor dem Spaziergang mit einer fetthaltigen Creme, an sonnigen Sommertagen mit Sonnenschirm, Schirmmütze oder Kleidung aus einem speziell gewebten Tuch, das vor UV-Strahlung schützt.
Direkte Sonne ist jetzt noch komplett tabu. Die Sonnencreme muss eine spezielle für Babys sein und sollte sehr sparsam auf Gesicht und Händchen aufgetragen werden.

Autofahrten

Viele Babys fahren gerne Auto. Beachten Sie aber folgende Sicherheitsregeln: Lassen Sie Ihr Baby niemals alleine im geparkten Auto, auch nicht für kurze Zeit! Unternehmen Sie im Sommer möglichst keine längeren Fahrten in der heißen Mittagszeit ohne Klimaanlage. Ist die Klimaanlage an, schützen Sie das Baby vor Zug. Im Winter: Wärmen Sie das Auto und den Kindersitz gut vor, wenn Sie Ihr Kleines mitnehmen.

Gleichmäßige Wärme

Ein Baby wird generell zufriedener sein, wenn es in den ersten Lebenswochen gleichmäßig warm gehalten wird. Der kleine Körper kann sich anfangs nach einer Abkühlung nur schwer wieder erwärmen – hier liegt oft die Ursache für Koliken oder Quengeligkeit. So vermeiden Sie Abkühlung:

- Wickeln Sie Ihr Baby immer unter dem Wärmestrahler und ziehen Sie es nur dort um. Wärmen Sie Windeln und Kleidung zum Beispiel auf der Heizung oder mit einer Wärmflasche vor.
- Umhüllen Sie Ihr Baby mit seiner leichten Babydecke, wenn Sie es aus dem Bettchen

DIE HEBAMMEN-NACHSORGE

Die Nachsorge-Hebamme ist die wichtigste Ansprechpartnerin in der Neugeborenenperiode und im Wochenbett. Sie beobachtet neben der Rückbildung und der Milchbildung bei der Mutter ganz aufmerksam, wie sich das Baby an sein Leben anpasst. Am besten hat man die Hebamme bereits vor der Geburt kennengelernt und benachrichtigt, sobald das Baby auf der Welt ist. Sie kann selbst mit der Krankenkasse abrechnen und zwar: mindestens einen Besuch pro Tag bis zum 10. Lebenstag, weitere 16 Besuche in den ersten acht Wochen und bei Still- oder Fütterproblemen zusätzliche acht Besuche. Nach ärztlicher Verordnung ist ihre Betreuung auch darüber hinaus eine Kassenleistung.

oder Tragetuch nehmen oder mit ihm von einem wärmeren in einen kühleren Raum gehen.

- Setzen Sie Ihrem Baby in den ersten Monaten immer ein leichtes Mützchen auf, solange es noch keine dichten Haare besitzt. Im Winter ziehen Sie dem Baby ein dünnes Wollmützchen an und für draußen noch ein etwas dickeres darüber.
- Um die Füße Ihres Babys warm zu halten, ziehen Sie die Söckchen am besten unter dem Strampler an, so gehen sie nicht verloren. Auch wenn das Baby länger herumgetragen oder gefahren wird, können seine Füße kalt werden. Hier sind häufige Checks empfehlenswert.
- Abkühlung ist oft der Grund dafür, dass das Baby aufwacht: Wenn Sie Ihr schlafendes Kind ablegen, ersetzen Sie die Körperwärme mit einer Decke. Wenn Sie mit ihm von draußen hereinkommen, decken Sie das schlafende Baby lieber nach und nach ab.

WIR GEHEN HEIM!

Wenn sie nicht schon im Klinikkoffer eingepackt wurde, bringt der Vater die erste Ausfahrgarnitur mit: Body, Strampler, Jäckchen, Mützchen und eine leichte Wolldecke zum Einhüllen. Auch den Autositz fürs Baby hat er dabei: entweder als Babyschale oder als Babywanne.
Tipp: Schon vorher üben, wie das Ding funktioniert und sicher befestigt wird! Der sicherste Platz für das Baby ist rechts hinten.

Babys Kleiderschrank

- Bodys: Nehmen Sie Wickelbodys zum seitlichen Zuknüpfen, damit Sie sie nicht über Babys Kopf ziehen müssen. Langarm-Bodys sind für die ersten Monate besser, und ein Wolle-Seide-Gewebe ist angenehmer als Baumwolle für alles, was direkt auf der Haut getragen wird.
- Strampler, Hosen: Strampler sind anfangs fürs Baby besser geeignet als Hosen, weil sie rund um das empfindliche Bäuchlein nirgends einengen. Der Strampler gehört über den Body und kann aus Baumwolle sein.
- Söckchen halten die kleinen Füßchen warm. Ziehen Sie Ihrem Baby zuerst die Söckchen an und dann den Strampler, so gehen sie nicht verloren!
- Mützchen: Eine Kopfbedeckung braucht das Baby anfangs immer, weil es über den

Kopf viel Körperwärme verliert. Drinnen genügt ein dünnes Baumwollmützchen, draußen braucht es je nach Saison einen Sonnenhut oder eine Wollmütze.

DIE KINDERÄRZTLICHE VORSORGE

Von der Geburt bis zum ersten Geburtstag bezahlt die Krankenkasse insgesamt sechs umfassende kinderärztliche Untersuchungen zur Gesundheitsvorsorge. Die Ergebnisse werden in ein spezielles gelbes Heft eingetragen: Ihr U-Heft.

Der erste Termin: U1

Die erste Vorsorgeuntersuchung beginnt direkt nach der Geburt – im Normalfall kann Ihr Baby dabei auf Ihrem Bauch liegen bleiben. Zunächst wird beobachtet, wie sich Ihr Neugeborenes an das Leben außerhalb des Mutterleibs anpasst: Wird es bald rosig? Wie reagiert es auf Berührungen? Ist seine Atmung gleichmäßig? Meist werden Mund und Nase routinemäßig abgesaugt. Herzfrequenz, Atmung, Reflexe, Muskeltonus und Hautfarbe werden in der ersten, fünften und zehnten Lebensminute nach der Apgar-Skala von 0 bis 10 Punkten eingestuft. Mithilfe dieses Standard-Schemas wird rasch deutlich, ob ein Neugeborenes Unterstützung bei der ersten Anpassung benötigt. Der Apgar-Wert – optimal ist 9 bis 10, bei weniger als 5 brauchen Neugeborene meist Intensivbetreuung – wird ins gelbe Untersuchungsheft eingetragen.

Aus der durchtrennten Nabelschnur wird außerdem etwas Blut entnommen, um den pH-Wert zu bestimmen, der zeigt, ob das Baby während der Geburt gut mit Sauerstoff versorgt war. Verständnisvolle Kinderärzte warten mit dem zweiten Teil der U1, damit Eltern und Kind so lange ungestört Zeit füreinander haben, wie sie möchten. Das Wiegen und Messen von Körperlänge und Kopfumfang sowie die Feststellung der Geburtsreife hat ja eigentlich keine Eile. Mit Einverständnis der Eltern werden abschließend zwei Prophylaxe-Maßnahmen durchgeführt, die Vitamin-K-Gabe und die Augenprophylaxe (siehe Seite 92).

Der zweite Termin: U2

Zwischen dem dritten und zehnten Lebenstag wird die erste Basisuntersuchung durchgeführt, die U2. Wenn Sie mit Ihrem Baby schon zu Hause sind, vereinbaren Sie rechtzeitig einen Termin in Ihrer Kinderarztpraxis. Nachdem sich der Organismus des Babys jetzt auf sein eigenständiges Dasein umgestellt hat, werden alle Organfunktionen noch einmal aufmerksam untersucht sowie Reflexe, Bewegungsfähigkeit und Hüftgelenke überprüft. Bei diesem Termin wird auch das Neugeborenen-Screening angeboten, eine Blutuntersuchung auf 14 seltene, angeborene Stoffwechsel- und Hormonstörungen mit schwerwiegenden Folgen, die sich nur durch Früherkennung vermeiden oder mindern lassen. Die Blutabnahme wird ab der 36. Lebensstunde gemacht: Ein kleiner Stich in die Ferse des Babys genügt, um ein paar Tropfen Blut auf eine Testkarte zu tropfen und im Screening-Labor auswerten zu lassen.

Zur Standard-Vorsorge gehört jetzt die Verordnung von Vitamin-D-Tabletten zur Rachitis-Prophylaxe (siehe Seite 92, 93). Außerdem sollte ausreichend Zeit sein, um alle Ihre Fragen zur Säuglingspflege zu beantworten.

Die ersten drei Monate

Erstaunlich, wie vielfältig die Umstellung auf den vollkommen neuen Alltag ist – für Ihr Baby ebenso wie für Sie. Nie wieder wächst das Baby so schnell, und manchmal dreht sich alles nur ums Trinken und Verdauen. Auch die unterbrochenen Nächte kosten Kraft. Aber die kommt sofort zurück, wenn das Baby zum ersten Mal richtig lächelt.

Mit allen Sinnen in Beziehung sein

SO NIMMT IHR BABY DIE WELT WAHR

Sehen und Bewegungsentwicklung

Von Geburt an sind Babys von Gesichtern fasziniert. Unterschiedliche Formen und Muster erkennen sie bereits im ersten Lebensmonat, Helligkeitsunterschiede nehmen sie zunächst nicht so deutlich wahr, aber schon mit zwei Monaten erfassen sie Kontraste wesentlich besser und können dann auch schon Farben unterscheiden.

Von Anfang an bewegt das Baby Augen, Kopf und Oberkörper so weit wie möglich, um ein Objekt im Blick zu behalten und ihm nachzuschauen. Bunte Mobiles über dem Wickeltisch oder dem Babybettchen stehen hoch im Kurs!

Hören

Von Anfang an sucht Ihr Baby mit den Augen den Ursprung eines Klangs oder einer Stimme und kann Ihnen mit dem Blick folgen, wenn sich beispielsweise Ihr Gesicht bewegt, während Sie mit ihm sprechen. Das zeigt, dass Sehen und Hören bereits koordiniert sind, wenn ein Kind auf die Welt kommt. Dass das Geräusch eines Staubsaugers oder der Waschmaschine auf kleine Babys so beruhigend wirkt, hängt damit zusammen, dass es sie an die Klangkulisse erinnert, die sie in der vorgeburtlichen Geborgenheit des Körpers ihrer Mutter umgab.

Riechen, Schmecken

Der Geruchssinn und die Geschmacksknospen sind bereits bei der Geburt ausgebildet. In einer Studie wurde festgestellt, dass Babys ab der zweiten Lebenswoche unterschiedlich auf Zucker, Salz, Zitrone und Wasser reagieren und Süßes eindeutig bevorzugen.

Fühlen

Für Babys spielt der Spürsinn anfangs die größte Rolle. Sein wacher Tastsinn signalisiert Ihrem Baby, ob sich etwas angenehm oder unangenehm anfühlt – es unterscheidet zwischen weichen, glatten oder rauen Stoffen auf seiner Haut und nimmt unterschiedliche Temperaturen wahr, beispielsweise warme oder kalte Hände.

Der Tiefensinn, dessen Sensoren in den Muskeln und Gelenken sowie unter der Haut liegen, vermittelt Ihrem Baby Halt und hilft ihm, die Muskelspannung zu regulieren und seine Muskelkraft zu dosieren. Sie stimulieren ihn, indem Sie Ihr Baby halten und tragen.

Der Gleichgewichtssinn hat seinen Sitz im Innenohr und gibt dem Gehirn Auskunft über Richtung, Ausmaß oder Beschleunigung einer Bewegung. Er vermittelt eine Beziehung zur Schwerkraft. Eine Stimulation des Gleichgewichtssinns wird noch lange Zeit besonders beruhigend wirken: Schaukeln und Wiegen.

SPRACHENTWICKLUNG

Babys reagieren schon früh sehr stark auf Sprache. Es macht für ihre sprachliche Entwicklung und für ihr Wohlbefinden einen großen Unterschied, ob viel mit ihnen gesprochen wird. El-

tern können einfach alles kommentieren, was sie mit ihrem Kind tun – »so, jetzt noch das linke Bein in die Hose« – oder auch bestimmte Lieder dabei singen. Babys haben ein angeborenes Musikempfinden: Sie erkennen sogar Melodien wieder, die sie im Mutterleib gehört haben. Singen und Reimen ist eine wunderbare Unterstützung für die kleinen Sprachanfänger.
Mit zwei bis drei Monaten versuchen sich Babys in gewisser Weise schon im Dialog – sie glucksen und gurren mit Begeisterung, wenn sich ihnen jemand zuwendet. Als Eltern machen Sie Ihrem Kind die größte Freude, wenn Sie mit ihm plaudern, indem Sie seine Laute nachmachen und wiederholen. Auf diese Weise spiegeln Sie Ihr Kind, und es lernt sich besser kennen.

NÄHE DURCH BERÜHRUNG

Das Baby ist noch ganz »Sinneswesen«. Welche Erfahrungen verbinden sich wohl für den Säugling damit, von Händen angefasst zu werden, die so groß sind wie sein Rücken? Sicher macht es einen riesigen Unterschied, ob diese Hände gut in Kontakt mit ihm sind oder ob sie das Baby schier vergessen, während sie angespannt versuchen, irgendwie die Windel unter seinen Po zu bekommen. Eltern eines Babys sind sich dessen meist sehr bewusst, sie behandeln es behutsam und mit viel Aufmerksamkeit. Behalten Sie diese liebevolle Achtsamkeit bei.

Ihr Baby reagiert auf die Art der Berührung

Ein Baby drückt mit seinem ganzen Körper aus, was es empfindet. Ist ihm die Berührung angenehm, wird es sich den Händen seiner Bezugspersonen gerne überlassen. Wird es jedoch plötzlich und unerwartet angefasst, oder gar grob und unachtsam, dann sperrt es sich gegen die unangenehme Berührung. Es ist immer ein Dialog von Körper zu Körper. Sprechen Sie Ihr Kind an, bevor Sie es anfassen, und sagen Sie ihm, was Sie gleich mit ihm tun möchten. Wenn Sie Ihr Kleines dann berühren, suchen Sie zunächst seinen Blick und »horchen« Sie dann mit Ihren Händen hin, spüren Sie, wie Ihr Baby auf die Berührung eingeht. So erfährt es Ihre Liebe und Ihr Interesse an seinem Befinden.

Wichtig: Körperkontakt

In den ersten zwölf Lebenswochen fühlen sich die meisten Babys am Körper von Mutter oder Vater am wohlsten: Die ersten drei Monate im Leben sind gewissermaßen eine »Nachbrüte-Phase«, weil Kinder physiologisch unreif zur Welt kommen. In der Sicherheit des unmittelbaren Körperkontakts kann sich das Baby besser auf eine wechselnde Kulisse von Geräuschen, Gerüchen und Lichtverhältnissen einlassen, es kann seine Sinne so weit wie möglich öffnen und so viele Eindrücke aufnehmen, wie es will. Hat es genug, wendet es sich einfach von der Welt ab und kuschelt sein Köpfchen an. Um Babys Kontaktbedürfnis zu genügen und auch mal die Hände freizuhaben, ist ein Tragetuch ideal (siehe ab Seite 31).

SO KANN SICH IHR BABY MITTEILEN

Mithilfe seiner Körpersprache kann Ihr Baby schon sehr klar zeigen, wenn ihm etwas nicht gefällt oder zu viel wird, indem es sich abwendet oder versteift. Auch durch unterschiedliche Gesichtsausdrücke macht es deutlich, ob es zufrieden oder unzufrieden ist. Doch am eindeutigsten und schönsten teilt es sich mit, wenn es

Sie zum ersten Mal bewusst mit seinem unwiderstehlichen Lächeln anstrahlt.
Im Unterschied zum »Engelslächeln« der ersten Wochen huscht dieses Lächeln nicht mehr als Reflex über das Gesichtchen, sondern entsteht eindeutig aus dem Kontakt heraus und zeigt, dass das Baby sich freut und wohlfühlt. Dabei macht es in dieser Gunst zunächst noch keine Unterschiede. Wenn es zufrieden ist, lächelt es jeden an, der sich ihm freundlich zuwendet.

Faszination Stimme

Kein anderes Geräusch zieht die Aufmerksamkeit eines Babys so sehr auf sich wie die menschliche Stimme. Vorerst interessieren sich Babys am meisten für die Stimmung, die sich ihnen durch die Lautstärke und die Sprachmelodie übermittelt. Aber schon bald achten sie auch auf den Mund des Sprechenden. Im zweiten und dritten Monat entwickeln sie sichtlich immer mehr Freude daran, die vielfältigsten Laute zu erzeugen, zu gurren oder Vokale zu wiederholen – ob allein oder im Zwiegespräch.

Warum weinen Babys?

Aus Sicht der Evolution ist das Schreien ein »Distanz-Signal« und deshalb unüberhörbar laut. Unsere jagend und sammelnd umherziehenden Vorfahren trugen ihre Babys noch ständig mit sich herum. In unserer Entwicklungsgeschichte kam es also nur dann zum Schreien, wenn sich niemand in unmittelbarer Nähe befand – denn das war für ein Baby gleichbedeutend mit Lebensgefahr.
So gesehen ist Schreien die intensivste Art des Babys, auf sich aufmerksam zu machen, um sich in Sicherheit zu bringen. Das erklärt auch, warum sich normales Babyschreien so blitzartig abstellen lässt, indem man das Baby an sich nimmt. Babys, deren Schreien wiederholt ignoriert wird, entwickeln die Tendenz, nicht nur häufiger zu schreien, sondern auch ausdauernder, sie hören nicht mehr sofort auf, wenn Hilfe gekommen ist. Es kann jedoch auch vorkommen, dass das Baby das Schreien ganz einstellt. In diesem Fall entsteht bei den Eltern manchmal die falsche Gewissheit, dass ihr Baby zufrieden ist. Macht das Baby aber die Erfahrung, dass es immer gleich gehört wird, bekommt es Vertrauen in seine Fähigkeit, sich mitzuteilen. Das beeinflusst seine gesamte Entwicklung positiv.

Viel Haut- und Körperkontakt tut allen Babys gut.

Hunger, Durst, Verdauung

Wenn die ersten Hungeranzeichen übergangen werden, kommt ein Baby schnell an den Punkt, wo es vor Hunger schreit. Doch dieses Weinen dauert nur so lang, bis es seine Milch bekommt. Es ist immer besser, wenn Sie Ihrem Baby schon bei den ersten Anzeichen von Hunger die Brust oder Flasche geben.

Unbehagen

Ist das Baby unruhig und weinerlich, obwohl es satt ist, kommen mehrere Ursachen in Frage. Überprüfen Sie als Erstes seine Windeln: Sie sollten trocken sein, nirgends einschnüren, kneifen oder drücken.

Steht dem Baby ein Entwicklungssprung bevor? Jedem größeren Entwicklungsschub geht eine kleine Krise voraus: Dabei sind Babys unruhiger und weinen mehr. Wenn Eltern wissen, wie anstrengend es für ihr Baby ist, eine neue Entwicklungsstufe zu erklimmen, hilft ihnen das, Verständnis zu entwickeln. Die typischen »Wachstumskrisen« im ersten Jahr: mit sechs bis acht Wochen – wenn der Alltag wieder einkehrt. Mit vier Monaten – wenn die erste Zeit der intensivsten Nähe vorüber ist. Mit sieben bis neun Monaten – wenn das Baby mobil wird. Mit zwölf Monaten – wenn das Baby neue Dimensionen erobert und zu laufen beginnt.

Bedürfnis nach Nähe

Körperkontakt ist ein Bedürfnis von Babys, das ähnliche Priorität besitzt wie Nahrung. Sehr oft braucht ein Baby Körperkontakt, um abzuschalten, beispielsweise wenn es müde ist und schlafen möchte. Es will dann zwar herumgetragen, aber gleichzeitig auch in Ruhe gelassen werden. Zuwendung ist ein weiteres lebenswichtiges Bedürfnis von Babys. Wenn sie nicht gerade müde oder hungrig sind oder die Welt studieren, haben sie es am liebsten, wenn sich jemand mit ihnen beschäftigt. Um dieses Bedürfnis zu erfüllen, müssen Sie Ihr Baby nicht immerzu »bespielen«, denn Zeiten der Zuwendung sind automatisch gegeben beim An- und Ausziehen, Wickeln, Waschen oder Baden, Stillen oder Füttern. Machen Sie daraus Zeiten des besonders aufmerksamen Miteinanders – »Quality-time« –, wird sich Ihr Kind anschließend auch gerne wieder eine Weile alleine auf seiner Spieldecke beschäftigen.

Überreizung, Langeweile, Furcht

Einem überreizten Baby hilft Körperkontakt in ruhiger und entspannter Atmosphäre. Versuchen Sie generell zu viel Hektik im Alltag zu vermeiden und den Tagesablauf so regelmäßig und ruhig wie möglich für Sie beide zu gestalten.

Einem Baby, das sich langweilt, hilft am besten die Zuwendung seiner Eltern. Aber auch wenn Sie sich Ihrem Kind gerade nicht mit voller Aufmerksamkeit widmen können, beruhigt es sich normalerweise durch Körperkontakt und findet es interessant mitzuerleben, was Sie machen. Deshalb sind Tragehilfen ideal.

Hat sich das Baby erschreckt? Die Kleinen haben sehr feine Antennen für ihre Umgebung, und vieles wirkt auf sie beängstigend. Wenn Ihr Baby vor Schreck weint, wiegen Sie es in den Armen, sagen Sie ihm, dass alles in Ordnung ist, und singen oder summen Sie ihm ein besänftigendes Lied.

Schmerzen

Wenn alle anderen Ursachen ausgeschlossen sind und Ihr Baby nicht aufhört zu weinen, könnte es Schmerzen haben. Daran sollten Sie

vor allem denken, wenn Ihr Baby besonders schrill oder jämmerlich weint, wenn es sich auch auf dem Arm nicht oder nur sehr kurz getröstet fühlt, und sich allenfalls für ein paar Sekunden vom Schreien ablenken lässt.
Der Schmerzensschrei ist schrill und durchdringend, umso mehr, je größer der Schmerz ist. Er dauert so lange, bis die ganze Atemluft verbraucht ist. Deshalb folgt auf jeden langen Schrei ein rascher, tiefer Atemzug, während dem eine kurze, beunruhigende Stille herrscht.

IST IHR KIND EIN »SCHREIBABY«?

Auch die aufmerksamsten Eltern können ein Baby haben, das sehr viel mehr schreit als andere – und das liegt ganz gewiss nicht daran, dass sie es »verwöhnt« haben. Laut Statistik schreien Babys im zweiten Lebensmonat am meisten. Wahrscheinlich entwicklungsbedingt steigert sich die durchschnittliche Schreidauer nach der Geburt allmählich, erreicht in der sechsten Woche einen Höhepunkt im Bereich zwischen eineinhalb und drei Stunden pro Tag und nimmt in den nächsten sechs Wochen allmählich wieder ab. Etwa mit Beginn des vierten Monats lassen längere Schreiphasen zum Glück immer mehr nach, bis sie schließlich ganz aufhören.
Von einem Schreibaby spricht man erst, wenn es sich nicht wirklich durch das natürliche Repertoire beruhigen lässt, zwar vom Schreien abgehalten wird, aber sehr unruhig bleibt. Auch wenn ein Baby täglich mehrmals längere Zeit solche Beruhigungshilfen braucht, um nicht anhaltend lauthals zu schreien, oder sich im Extremfall auch davon nicht vom Schreien abhalten lässt, allenfalls die Lautstärke gedämpft wird, spricht das für ein Schreibaby-Syndrom.

Betroffene Babys sind oft auch sehr schreckhaft und reagieren auf jede Veränderung mit Geschrei. Normalerweise wenden sich Babys von der Welt ab und lassen die Augen zufallen, wenn sie müde werden. Typische Schreibabys aber geben nur dann einigermaßen Ruhe, wenn sie in aufrechter Körperhaltung herumgetragen werden, um sich mit großen Augen in der Wohnung umzuschauen. Sogar dabei finden sie nur schwer zur Entspannung. Oft sind sie tagsüber so müde, dass sie eine halbe Stunde oder länger herumgetragen werden müssen, bis sie einschlafen. So vergeht der Tag mit Unruhe, Quengeln und Schreien, unterbrochen von der kurzen Ruhe der Mahlzeiten. Mütter von Schreibabys erleben eine unvorstellbar anstrengende Zeit, gehen kaum aus dem Haus, sind durch den Schlafmangel und die dauernde Anspannung völlig erschöpft und zweifeln an ihren mütterlichen Fähigkeiten.

NIEMALS SCHÜTTELN!

Ein Baby darf auf gar keinen Fall geschüttelt werden, das ist für den kleinen Körper lebensbedrohlich!

Hilfe in der Not

Wenn Sie am Verzweifeln sind, weil Sie Ihr Baby nicht trösten können, und niemand da ist, der Sie zwischendurch entlasten kann, dann legen Sie es am besten kurz in sein Bettchen und gehen in ein anderes Zimmer, um Kraft zu schöpfen. Sobald Sie etwas Ruhe gefunden haben, können Sie sich ihm wieder zuwenden.

Bevor Ihnen die Kraft ausgeht, holen Sie sich Hilfe. Je eher Sie eine Schreiambulanz in Anspruch nehmen, desto besser. Die Ursachen reichen generell von einfach bis vielschichtig, beispielsweise von übermäßigen Gewebespannungen oder einer Verrenkung auf Ebene der Halswirbelsäule über die Refluxkrankheit bis hin zur Stressbelastung während der Schwangerschaft oder Geburt. Entsprechend vielfältig sind mögliche Therapieansätze.

Ein Fels in der Brandung sein

Wenn Ihr Baby weiterschreit, nachdem Sie alles in Ihrer Macht stehende getan haben, um es zu trösten, gibt es nur noch eins: Bemühen Sie sich um ein Gefühl von Verständnis und Respekt. Sollte Ihnen selbst zum Weinen zumute sein: nur zu! Wahrscheinlich erleichtert es auch Ihr Baby, wenn es laut schreiend weint. Wie fühlt es sich wohl, wenn ihm ständig vermittelt wird, dass es das nicht tun soll? Versuchen Sie, Ihre innere Haltung zu ändern. Sagen Sie ihm: »Weine dich ruhig aus, ich verstehe dich!« Ihr Baby demonstriert durch sein Schreien schließlich eine kraftvolle Kompetenz. Ganz wichtig: Geben Sie Ihrem Baby durch Ihre innere Ruhe Halt in Ihren Armen, so sind Sie ihm ein Fels in der Brandung.

ZUM ARZT!

Es muss immer ausgeschlossen sein, dass es sich um eine medizinische Notsituation handelt! Im Zweifelsfall klären Sie Ihre Bedenken mit dem kinderärztlichen Notdienst telefonisch ab. Dafür gibt es keine bundesweit einheitliche Nummer, am besten hängen Sie Ihre örtliche Nummer zusammen mit der Ihrer Hebamme und Ihres Kinderarztes gut sichtbar auf.

Die motorische Entwicklung

BEWEGUNG: DIE BASICS ÜBEN

Systematisch und unermüdlich probiert das Baby seine körperlichen Möglichkeiten aus. Die erste motorische Herausforderung: Es versucht, während es beispielsweise mit den Beinchen strampelt, seinen Körperschwerpunkt immer wieder neu auszubalancieren, um Kopf, Schultern und Becken mittig zu halten. Erst wenn es in der stabilen Mittellage verweilen kann, ist es in der Lage, seine Bewegungen gezielt einzusetzen.

Erste Übungen in der Rückenlage

Die größte Bewegungsfreiheit hat Ihr Baby jetzt, wenn Sie es auf den Rücken legen. Viele zunächst unkoordinierte Bewegungen werden im zweiten Monat gezielter. Nach Herzenslust wird es jetzt mehr oder weniger lebhaft strampeln und damit seine Muskulatur kräftigen. Am Ende des dritten Monats sind schon harmonische freie Arm- und Beinbewegungen möglich, weil Ihr Baby gelernt hat, seinen Rumpf zu stabilisieren. Bald hält Ihr Kind seinen Kopf stabil in der Mitte, wenn es auf dem Rücken liegt – diese Kopfkontrolle ist eine besondere Errungenschaft und ein Meilenstein im ersten Vierteljahr.

Tipp

Wie ein Fähnchen auf dem Turme

Im Alter von zwei bis drei Monaten liebt Ihr Baby es, seine Händchen vor seinen Augen hin und her zu bewegen. Zur Abwechslung schaut es aber gerne auch einmal Ihnen dabei zu, wie Sie Ihre Hände langsam und harmonisch über seinem Kopf hin und her drehen und wenden. Dazu passt sehr schön das Lied vom Fähnchen auf dem Turme: »Wie ein Fähnchen auf dem Turme, sich kann dreh'n bei Wind und Sturme, so soll sich mein Händchen dreh'n, dass es eine Lust ist, anzuseh'n.« (Volksweise, Melodie aus »Zehn kleine Krabbelfinger«).

Handkoordination

Anfangs geraten die eigenen Händchen nur zufällig in das Blickfeld Ihres Babys, doch wenn es sie gezielt betrachten kann, werden sie rasch zum ersten Lieblingsspielzeug. Dann übt es, beide Hände mittig vor dem Körper zusammenzubringen, um die Fingerchen gegenseitig zu betasten (Hand-Hand-Koordination). Dreht es den Kopf zur Seite, kann es ein Händchen gezielt zum Mund führen (Hand-Mund-Koordination), und später funktioniert das auch in der mittigen Kopfhaltung, wo es beide Händchen sehen und oral »untersuchen« kann (Auge-Hand-Mund-Koordination).

Füße und Rumpf

Ebenso wie die Hände können sich die Füße beim Strampeln gegenseitig betasten. Kräftiger werdende Bauchmuskeln erlauben dem Baby bald, beide Fersen von der Unterlage abzuheben – anfangs nur ganz kurz, aber mit etwa drei Monaten wird es seine Beine rechtwinklig von der Unterlage abheben und interessiert die Bewegungen seiner Füße betrachten können.

Anfangs unbequem: Bauchlage

Nicht alle Säuglinge mögen die Bauchlage, aber für sportlich veranlagte Babys ist es eine willkommene Abwechslung, sich mit ganzer Kraft auf die Unterarme zu stützen und aus der Bauchlage heraus den Kopf in die Höhe zu recken. Das Gesichtsfeld bleibt trotzdem zunächst noch klein. Erlösen Sie Ihr Baby, bevor es sich überanstrengt und unglücklich wird.

Die Spieldecke

Bald braucht Ihr Baby mehr Platz. Eine große Baumwolldecke auf dem Boden bietet genügend Widerstand, damit sich das Baby bei seinen ersten Versuchen, das Becken anzuheben oder sich seitlich zu drehen, abstemmen kann. Sehr abraten möchten wir von einem sogenannten Spieltrapez, Spielbogen oder Babytrainer, wenn dabei Dinge frontal über dem Gesicht des Babys hängen, vor allem, wenn es sie nicht einmal in die Hand nehmen und zum Mund führen kann. Das ist für die motorische Entwicklung eine Sackgasse, denn die Aufrichtung gelingt am besten über die Seitwärtsbewegung. Diese wird angeregt, indem Ihr Baby links und rechts in Reichweite neben sich Dinge entdeckt, die es greifen kann.

Wo Ihr Baby nicht gut liegt

- Alleine auf erhöhter Fläche: Die meisten Eltern sind nicht auf die ersten Drehversuche

ihres Kindes gefasst. 80 Prozent aller Babys stürzen einmal vom Sofa oder Wickeltisch! Obwohl das meistens glimpflich ausgeht: Halten Sie Ihr Baby mit einer Hand fest, wenn Sie sich bücken oder wegdrehen. Auch wenn Sie sich nur einen einzigen Schritt entfernen müssen, legen Sie es besser kurz auf den Boden.
- Im Schalensitz: Der ist für die Sicherheit im Auto konzipiert. Ansonsten sollte das Baby nicht darin »geparkt« werden.
- In der Babywippe: Sie zwingt das Baby in eine ungute Körperhaltung. Brauchen Sie beide Arme frei – beispielsweise beim Kochen? Dann ist Ihr Kleines im Tragetuch auf Ihrem Rücken gut aufgehoben.

DAS BABY TRAGEN

Die motorische Entwicklung Ihres Babys profitiert sehr davon, wenn Sie es tagsüber viel am Körper tragen. Die ständige Bewegung unterstützt die Gehirnentwicklung und schult den Gleichgewichtssinn. Das Hochheben und Ablegen Ihres Babys erfolgt am besten in einer fließenden Bewegung. Es kommt darauf an, ihm überall Halt zu geben und zu verhindern, dass Köpfchen, Arme oder Beine plötzlich »fallen«. Gehen Sie vor allem ohne Eile mit Ihrem Kind um. Je kleiner ein Baby ist, desto mehr erschrickt es durch hastige Bewegungen.

Sicher halten und tragen

Um Ihr Kind in der vielleicht typischsten Weise in den Armen zu wiegen: Während Sie eine Schulter Ihres Babys sicher im Griff behalten, lassen Sie die andere Hand zu seinem Po gleiten und schieben es mit der Schulter so auf diesen Arm, dass sein Köpfchen in der Ellenbeuge zu liegen kommt. Umfassen Sie Babys oberen Oberschenkel mit Daumen und Zeigefinger, nah an der Hüfte. Ihre andere Hand kann nun die Schulter loslassen und entspannt auf Babys Bauch liegen. Das ist eine wunderschöne Haltung, um sich anzusehen und miteinander zu plaudern.

Das Baby ablegen

Nehmen Sie Ihr Baby zunächst wieder aufrecht an Ihre Brust, sodass es sich anschmiegen kann. Um es abzulegen, beugen Sie sich tief zu der Unterlage hinab, auf die Sie das Baby legen wollen. Wenn diese Unterlage nicht mindestens Tischhöhe hat, sollten Sie Ihrem Rücken zuliebe dabei in die Hocke gehen oder sich hinknien.
Legen Sie das Baby auf seine Seite zurück, indem Sie zuerst seinen Po seitlich aufsetzen, und stützen Sie mit einer Hand während des Ablegens sachte bis zuletzt sein Köpfchen. So vermeiden Sie ruckartige Bewegungen. Nehmen Sie Ihre Hände unter seinem Körper erst weg, wenn Ihr Kind wieder auf der Unterlage liegt.

HALTUNGEN BEI MÜDIGKEIT UND BLÄHUNGEN

- Ist Ihr Baby müde, wird es sich besser entspannen können, wenn Sie es so halten, dass es seitwärts auf Ihrem Arm liegt und bäuchlings an Ihrem Oberkörper **(Bild 1)**. Schläfrigen Babys hilft oft ein Tuch beim Abschalten und Einschlafen: Drapieren Sie ein dünnes Mullwindeltuch so, dass es von Ihrer Schulter herab wie ein Vorhang über den Arm fließt, in dem Sie Ihr Baby halten, und seinen Augen visuelle Ruhe schenkt.

- Muss Ihr Baby aufstoßen, wird es sich unruhig hin und her winden und ruckartig nach hinten strecken. Legen Sie es dann einfach auf Ihre Schulter, vielleicht tut ihm das gut. Schieben Sie es dabei so weit über eine Ihrer Schultern, dass sein Köpfchen sich an Ihren Nacken schmiegt. Diese Haltung entspannt seinen Bauch und Rücken **(Bild 2)**.

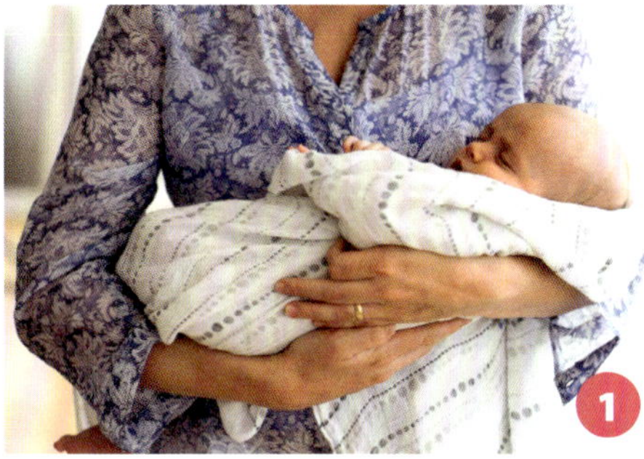

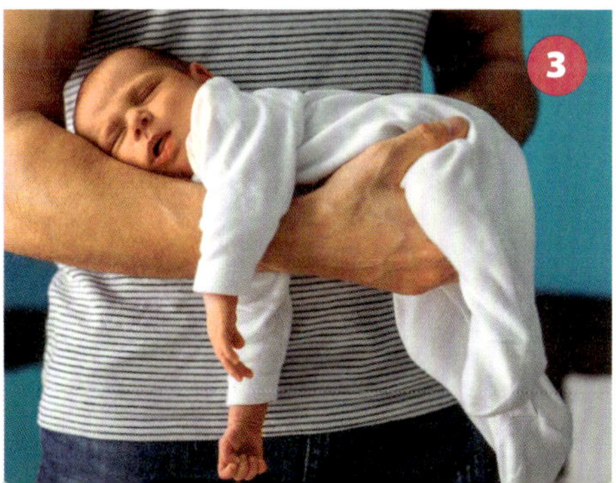

Achtung: Spucktuch nicht vergessen, denn beim Aufstoßen bleibt man selten trocken.

- Hat Ihr Baby Blähungen, kann ihm die Fliegerhaltung Erleichterung verschaffen **(Bild 3)**. Sie ist vielleicht nichts für die allerersten Tage, aber schon in der zweiten oder dritten Woche, wenn Sie im Umgang mit dem Baby sicherer sind, können Sie mal ausprobieren, ob diese Haltung Ihrem Baby gefällt. Damit Sie Ihr Baby sicher im Griff haben, halten Sie seinen linken Oberschenkel wieder in der Nähe seines Hüftgelenks fest. Ihre freie Hand kann warm auf seinem Rücken liegen oder ihn behutsam reiben.

»BEWEGTE« BABYS GEDEIHEN BESSER

Die richtige Tragehilfe

Ist das Baby richtig an den Körper gebunden, bleiben beide Hände frei, denn man spürt kein Bedürfnis, das Kind zusätzlich zu halten und zu stützen. Die Eltern können zu Hause ihrer Beschäftigung nachgehen und gleichzeitig ihrem Baby die Nähe geben, die es braucht. Unterwegs ist es oft viel praktischer, das Kind am Körper zu tragen – das gilt für öffentliche Verkehrsmittel ebenso wie auf Treppen und holprigen Wegen.

- Tragetuch: Tragetücher werden in einer speziellen Webtechnik diagonal elastisch gewebt, damit das Baby an jeder Stelle gleichmäßig gestützt wird. Material und Färbemittel sollten selbstverständlich schadstofffrei sein. Die Anschaffung eines hochwertigen Tuches lohnt sich, denn es erlaubt viele verschiedene Bindeweisen, wie sie je nach Alter und Gewicht des Kindes gerade am günstigsten sind. Das

SO TRAGEN SIE RICHTIG

Das Tragen im Tragetuch ist kinderleicht. Damit die zarten Knochen und Gelenke Ihres Babys bestmöglich gestützt werden, gilt es einige Punkte zu beachten.

Der Rücken

In den ersten Monaten entspricht ein leicht gerundeter Rücken der natürlichen Haltung eines Babys. Richtig getragen, kann es diese Haltung eng an den Körper der Mutter geschmiegt beibehalten. Sein Rumpf wird rundherum stabilisiert und die weichen Bandscheiben gestützt. Falsch getragen ist das Kind vom Tuch nicht fest genug umschlossen, es »sitzt« dann mehr auf dem Po, und sein Rücken sinkt in sich zusammen. Erst mit sechs bis acht Monaten ist die Rückenmuskulatur des Babys so weit ausgebildet, dass die Wirbelsäule in der aufrechten Haltung von selbst aufgerichtet bleibt. Sie haben das Tragetuch eng genug gebunden, wenn Sie nicht mehr das automatische Bedürfnis haben, Ihr Baby zusätzlich mit den Händen zu stützen.

Das Köpfchen

Das Köpfchen Ihres Babys braucht in den ersten Monaten stets eine Stütze, die verhindert, dass es unkontrolliert nach hinten oder zur Seite wegkippt. Im richtig gebundenen Tuch ist das Köpfchen nur ganz leicht nach vorne geneigt und liegt an Ihrer Brust. Wenn das Köpfchen von der Tragehilfe gegen die Schwerkraft stabilisiert ist und das Baby es nicht selbst aufrecht halten muss, ist es schon früh zu Kopfbewegungen fähig, die ihm sonst erst Monate später gelingen würden. So kann schon ein ganz kleines Baby sein Köpfchen eigenständig hin und her wenden, um beispielsweise seine kleine Nase dahin zu stecken, wo es am angenehmsten riecht. Vor allen Dingen kann es sich abwenden, wenn ihm die Eindrücke zu viel werden.

Die Hüftgelenke

Die Hüftgelenke werden beim richtigen Tragen in ihrer gesunden Entwicklung unterstützt. Genau genommen sollen dabei die Beinchen des Babys zu etwa 90 Grad angezogen sein – wie in der Hocke – und gleichzeitig zu etwa 40 Grad gespreizt. Diese Beinhaltung nehmen Babys spontan ein, wenn sie hochgehoben werden. Sie tragen Ihr Baby also richtig, wenn seine Knie deutlich höher liegen als sein Po und es sich mit gespreizten Beinchen bäuchlings anschmiegt. Die beiden Hüftgelenkspfannen können in dieser Position gut ausreifen, weil die Oberschenkelköpfe richtig darin positioniert sind und nicht gegen den hinteren und oberen Teil der noch weichen Pfannenwände drücken und sie damit abflachen. In diesem Sinn wirkt das richtige Tragen sogar als Vorbeugung gegen Folgen einer angeborenen Hüftdysplasie, ja es kann auch als Behandlung von leichten Formen dieser angeborenen Problematik verstanden werden.

Tuch »wächst« mit und passt sich sowohl an das größer werdende Kind als auch an unterschiedliche Erwachsene an. Anfangs genügt es, sich eine Bindeweise gründlich anzueignen, beispielsweise die »Wickelkreuztrage«. Das hat man schnell raus, und das Baby hockt darin in der optimalen Körperhaltung. Spezielle »elastische« Tragetücher sind nur für die ersten Monate und auch schon für Frühchen geeignet.

- Fertigtrage / Komforttrage: Ergonomische Komforttragen ersparen im Vergleich mit dem Tuch das anfangs oft kompliziert wirkende Binden. Einige Tragen sind schon von Geburt an geeignet, andere erst für Babys ab einem gewissen Körpergewicht – bitte beim Kauf darauf achten. Eine Tragehilfe muss nicht nur mit dem Baby »mitwachsen« können, sondern auch flexible Einstellungen für unterschiedlich große Erwachsene zulassen.

Günstige Trageweisen

- Aufrecht bäuchlings am Erwachsenen, Blick zu ihm: Das Baby kann sich mit gerundetem Rücken und Spreiz-Anhock-Haltung der Beinchen anschmiegen. In der richtigen Höhe getragen, liegt sein Köpfchen so weit oben, dass man ihm ohne Weiteres ein Küsschen aufs Haupt drücken könnte. Der Kopf des Babys ist hinten und seitlich gut gestützt, es kann sich nach Belieben der Welt zu- oder abwenden. Diese Trageweise ist von Geburt an geeignet, kann jedoch mit einem größeren, schweren Baby nach längerer Zeit anstrengend werden.
- Aufrecht bäuchlings auf dem Rücken des Erwachsenen, Blick zu ihm: ideal, sobald einem das Baby beim Tragen bäuchlings am Körper zu schwer wird. Es kann sich mit gerundetem Rücken und Spreiz-Anhock-Haltung der Beinchen anschmiegen. Außerdem erlebt es die alltäglichen Handlungen in der richtigen Richtung, das ist hilfreich für Gleichgewicht und Motorik.

Stillen und Ernährung

STILLEN – DAS BESTE FÜR IHR KIND

Die Zusammensetzung der Muttermilch orientiert sich von Natur aus an den individuellen Bedürfnissen eines jeden Babys in jedem Alter. So variiert der Nährstoffgehalt nicht nur je nach Tageszeit, selbst im Verlauf jeder einzelnen Mahlzeit verändert er sich auf optimale Weise.

Wie oft trinkt das Baby?

Am Anfang sind alle Eltern überrascht, wie oft ihr Baby trinken will. Wenn es weint, fragen sie sich natürlich als Erstes: Kann mein Kind denn schon wieder Hunger haben? Selbst wenn gerade erst eineinhalb oder zwei Stunden vergangen sind, seit es gefüttert wurde, lautet die Antwort: Es kann! Stillen Sie Ihr Baby immer nach Bedarf. Einfacher geht es nicht!

Muttermilch ist sehr leicht verdaulich, deshalb meldet sich im Durchschnitt alle zweieinhalb Stunden der Hunger, anfangs rund um die Uhr. Sie werden jedoch feststellen, dass Ihr Baby nicht in absolut regelmäßigen Abständen trinkt, kein Baby tut das. Da gibt es beispielsweise das sogenannte Cluster-Feeding, die gehäuften kleinen Abendmahlzeiten, die im zweiten und dritten Lebensmonat typisch sind und sich auch über ein paar Stunden hinziehen. Dafür kann das Baby zur Mittagszeit auch einmal drei Stunden Pause machen. So ergibt sich oft ein individuelles Muster, das mehrere Tage ähnlich verläuft – bis es wieder auf den Kopf gestellt wird, wenn das Baby einen Wachstumsschub und plötzlich wieder »ständig« Hunger hat.

Wenn Ihr Kind rund um die Uhr trinken will und Sie das Gefühl haben, Ihr Leben besteht nur noch aus Stillen, trösten Sie sich: Diese Phase durchleben alle stillenden Mütter. Sie geht wieder vorbei, und bald spielt sich alles wieder ein!

Eine oder beide Seiten geben?

Lassen Sie Ihr Baby grundsätzlich an einer Seite trinken, bis es damit aufhört, und bieten Sie ihm daraufhin die zweite Seite an. An der kann es trinken, wie es möchte: lange, kurz, gar nicht.

Tipp

Achten Sie gut auf sich

Milchbildung und -fluss werden hormonell und vegetativ gesteuert. Deshalb funktioniert alles viel besser, wenn Sie sich in der Stillzeit gut um sich selbst kümmern. Legen Sie sich, so oft es geht, gemeinsam mit Ihrem Baby tagsüber hin, versuchen Sie Haushaltspflichten zu delegieren, ausgewogen zu essen und viel zu trinken. In der Pflanzenheilkunde gelten Anis, Fenchel, Kümmel, Dill, Brennnesseln und Bockshornkleesamen milchbildungsfördernd. Auch B-Vitamine, Lecithin, Calcium und Malz tun erfahrungsgemäß während der Stillzeit gut. Entspannen Sie sich beim Stillen – genießen Sie die zeitlosen, intensiven Momente mit Ihrem Baby, darin liegt eine Kraftquelle für Sie.

Die Milchmenge verringern

Neigt die Brust dazu, ein Überangebot an Milch zu bilden, ist das für das Baby nicht immer ganz einfach und kann Trinkprobleme verursachen. Wenn ihm die Milch zu stark in den Mund spritzt, fällt es ihm schwer, seinen Saug-Schluck-Atem-Rhythmus zu koordinieren. Es verschluckt sich leicht, dabei gelangt auch viel Luft in den Bauch, sodass es sich hinterher aufgebläht fühlt und immer wieder aufstoßen muss. Dann ist es besser, ihm bei jeder Mahlzeit nur eine Seite zu geben. Das reduziert die Milchmenge ganz sanft und hilft dem Baby, ruhiger zu trinken. Braucht Ihr Baby sehr häufig kleine Mahlzeiten, legen Sie es innerhalb von zwei bis drei Stunden immer wieder an derselben Brust an, danach genauso lange an der anderen.

Die Milchmenge steigern

Neigt die Brust dazu, eher wenig Milch zu bilden, sollte das Baby bei jeder Mahlzeit an beiden Brüsten angelegt werden und an jeder Seite so viel und so lange wie möglich trinken dürfen. So wird die Milchbildung an jeder Brust häufiger stimuliert, und darauf kommt es in diesem Fall ganz wesentlich an.

Dabei gehen Sie so vor: Beobachten Sie Ihr Baby beim Trinken an der ersten Seite. Sobald es vom konzentrierten und intensiven Saug-Schluck-Rhythmus auf ein langsameres Trinkmuster übergeht und weniger häufig schluckt, legen Sie das Baby an die andere Brust. An der zweiten Seite wird Ihr Kind zuerst noch einmal eine gute, konzentrierte Trinkphase haben, danach wird es langsamer trinken und schließlich nur noch nuckeln – das darf es dann, so lange es will. Bei Bedarf können Sie auch mehrmals während einer Mahlzeit die Seiten wechseln, damit Ihr Baby mehr trinkt.

Ist das Bäuerchen wichtig?

Meistens schluckt ein Baby bei jeder Stillmahlzeit auch ein wenig Luft, die es nach dem Stillen aufstoßen muss. Vielleicht braucht es auch schon mal zwischendurch eine kurze Pause für das Bäuerchen. Nehmen Sie Ihr Baby dazu so auf den Arm, dass es aufrecht sitzend über Ihre Schulter schaut. Klopfen Sie mit der flachen Hand immer wieder leicht von unten nach oben über seinen Rücken. Schützen Sie Ihre Kleidung mit einer Mullwindel, denn oft kommt mit dem Bäuerchen auch ein wenig Milch.

Wenn Sie keinen Erfolg haben, hören Sie nach einer Minute auf, dem Baby auf den Rücken zu klopfen. Wenn es dann etwas später bereit zum Aufstoßen ist, sehen Sie ihm das an: Es fühlt sich deutlich unwohl, wird unruhig, macht ein unbehagliches Gesicht, weint, kann nicht einschlafen. Wenn Sie es nun wieder in »Bäuerchen«-Haltung nehmen, stößt es wahrscheinlich mühelos auf und fühlt sich wieder gut.

Diese Art der Unruhe zeigt es auch schon während der Mahlzeit, wenn es aufstoßen muss. Grundsätzlich gilt: Je hastiger ein Baby trinken muss – also je intensiver die Milch ihm zufließt –, desto mehr Luft schluckt es automatisch während des Trinkens. Und umgekehrt: Je entspannter es trinken kann, desto weniger drin-

Tipp

Die Milchmenge regulieren

Je mehr Milch Ihr Baby beim Stillen trinkt, umso mehr Milch wird Ihr Körper bilden. Dafür sorgt ein komplexes Nachrichtensystem zwischen Hormonen und Nerven: Während das Baby trinkt, melden die Nervenenden in den Brustwarzen den Saugreiz an das hormonelle Zentrum im Gehirn. Dieses schickt milchbildende Hormone zu den Brustdrüsen, die daraufhin bereit sind, die entsprechende Menge Milch zu bilden. Das heißt: viel Saugreiz, viel Milch – kein Saugreiz, keine Milch. Dieser hormonelle Regelkreis funktioniert absolut verlässlich, aber er wirkt nicht unmittelbar, sondern zeigt seinen Effekt erst nach einigen Tagen. Das ist eine Eigenart aller hormonellen Regelkreise unseres Körpers. Wenn sich also während eines Wachstumsschubs der Bedarf des Babys plötzlich stark verändert, dauert es ein paar Tage, bis die mütterliche Brust sich auf den Mehrbedarf eingestellt hat und mehr Milch bildet. Lassen Sie Ihr Kind vorübergehend einfach entsprechend häufiger trinken und haben Sie Geduld – innerhalb weniger Tage passt sich die Milchmenge neu an, die anstrengende Zeit ist vorüber, und Ihr Kleines wird wieder satt und zufrieden sein.

Umgekehrt reguliert sich die Milchmenge natürlich auch: Wenn es öfters vorkommt, dass Ihr Baby durchschläft, eine Mahlzeit ausfallen lässt und Ihre Brust daher nachts zu prall wird, drosselt Ihr Körper um diese Zeit die Milchproduktion automatisch.

gend wird es anschließend ein Bäuerchen machen müssen. Nachts ist das Bäuerchen danach deshalb oft überhaupt kein Thema. Wenn Ihr Baby satt an Ihrer Brust eingeschlafen ist, lassen Sie es einfach weiterschlafen.

Das Baby spuckt nach dem Trinken

Spucken ist in den ersten Monaten vollkommen normal und kein Anlass zur Sorge, egal ob die Milch dabei sanft aus dem Mund rinnt oder in einem kleinen Schwall nach oben kommt. Durch die zunehmende Entwicklung des Babys legt sich das Spucken mit der Zeit ganz von selbst – ab dem vierten bis sechsten Monat werden Sie bemerken, dass das Baby immer seltener spuckt. Übrigens: Spucken bedeutet nicht, dass Ihr Baby zu viel getrunken hat.
Auch wenn es nach jeder Mahlzeit einen Teil der Milch wieder ausspuckt, sollten Sie Ihr Kind immer so lange trinken lassen, bis es die Brust von selbst loslässt und damit zeigt, dass es genug hat. Spuckt Ihr Baby kurz nach der Mahlzeit, legen Sie es am besten gleich noch einmal an.

Extrem starkes Spucken

Im Unterschied zum Spucken handelt es sich um Erbrechen, wenn der gesamte Mageninhalt in hohem Bogen herausschießt, manchmal einen Meter weit. Das kann gelegentlich passieren und ist bei einem gesunden Baby, das gut gedeiht, kein Grund zur Besorgnis. Solange ein Baby normal zunimmt, gelangt auch genügend Nahrung in seinen Darm. Schlechtes Gedeihen und geringe Gewichtszunahme hingegen können darauf hinweisen, dass hinter dem Spucken eine Erkrankung steht. Dann braucht das Baby medizinische Hilfe.

Wird das Baby satt?

Alle jungen Eltern fragen sich, ob ihr Baby wirklich satt wird. Sie können diese Frage auch ohne Waage beantworten: Seine Windeln geben eine verlässliche Antwort. Zählen Sie, wie viele nasse Windeln und wie viele Stuhlwindeln Ihr Baby im Verlauf von 24 Stunden produziert. Das Baby bekommt genug Milch: wenn es ab dem dritten bis vierten Lebenstag sechs bis acht nasse Stoff- oder fünf bis sechs Wegwerfwindeln hat und wenn darunter ab dem vierten Tag in den ersten vier bis sechs Wochen mindestens drei volle Stuhlwindeln sind. Danach nimmt die Häufigkeit des Stuhlgangs bei gestillten Babys ab.

Gestillte Babys kann man nicht überfüttern

Manche Mütter fragen sich, ob sie ihr Baby zu häufig anlegen, wenn sie Speckfalten entdecken. Aber selbst wenn Ihr Baby rundlich wirkt, dürfen Sie sicher sein: Bei ausschließlich gestillten Babys gibt es keine Überernährung. Es ist schlicht unmöglich, einem Baby an der Brust mehr zu geben, als es benötigt.

Der natürliche Stillrhythmus

Beim »Stillen nach Bedarf« wird nicht nach der Uhr gestillt und auch nicht nach irgendwelchen anderen Regeln. Wenn ein Baby immer dann an die Brust gelegt wird, wenn es danach verlangt, finden Mutter und Kind ihren eigenen, gerade passenden Rhythmus. Das heißt aber nicht, dass Sie Ihr ganzes Leben nur nach den Bedürfnissen Ihres Babys ausrichten müssen. Denn natürlich ist es möglich, den Stillrhythmus sanft zu beeinflussen und Ihr Baby auch einmal anzulegen, ohne dass es von selbst nach der Brust verlangt: zum Beispiel bevor Sie beide aus dem

Haus gehen, wenn Sie unterwegs nicht stillen möchten oder bevor das Baby einschläft, damit es nicht vorzeitig von Hunger geweckt wird. Auch wenn Ihr Kleines beispielsweise nachts fünfzehn Mal trinkt und tagsüber nur drei Mal, ist es schon allein Ihrem Nervenkostüm zuliebe besser, darauf Einfluss zu nehmen, wann Ihr Baby seinen Bedarf stillt, und es in diesem Fall tagsüber häufiger anzulegen.

TRINKT DAS BABY GENUG?

Ihr Baby muss unbedingt mehr trinken, wenn die Windeln seltener nass werden oder der Urin dunkelgelb ist und intensiv riecht. Stillen Sie dann öfter und länger, auch nachts. Lassen Sie sich von Ihrer Hebamme dabei helfen, Ihre Milchmenge zu steigern. Scheuen Sie sich niemals, Ihre Hebamme oder Kinderärztin anzurufen, wenn das Verhalten Ihres Babys Ihnen Sorgen macht. Ein Baby, das viel zu wenig getrunken hat, kann sogar zum Weinen zu kraftlos sein und auffällig viel schlafen.

Unterwegs stillen

Gerade unterwegs zeigt sich, wie unkompliziert und hygienisch das Stillen im Vergleich zum Fläschchengeben ist! Am besten planen Sie bei jedem Ausflug mindestens eine Stillmahlzeit mit ein. Praktisch ist stillfreundliche Kleidung, die es Ihnen erlaubt, Ihrem Baby fast unbemerkt die Brust zu geben. Zusätzlich können Sie ein dünnes Schaltuch um Oberkörper und Baby drapieren.

BRUSTPROBLEME? SO SCHAFFEN SIE ABHILFE

Wenn die Brust einmal schmerzt oder sich rötet, ist rasche Hilfe nötig. Gönnen Sie sich unbedingt mehr Ruhe, nehmen Sie jede Unterstützung an und suchen Sie gemeinsam mit Ihrem Partner nach Entlastungsmöglichkeiten.

Wunde Brustwarzen

Empfindliche oder wunde Brustwarzen entstehen meist dadurch, dass das Baby die Brustwarze beim Trinken nicht richtig im Mund hat. Lassen Sie sich deshalb von einer Fachfrau bei einer ganzen Stillmahlzeit zusehen, um herauszufinden, was Sie besser machen könnten.

Schützen Sie die zarte Haut beim Stillen vor unnötiger Reibung, die schnell zu feinen Rissen führen kann: Wenn Brustwarze und Vorhof durch die Stilleinlage sehr trocken sind, können die Lippen Ihres Babys vielleicht nicht gut gleiten, dann werden sie beim Ansaugen nach innen gezogen und reiben. Feuchten Sie die Haut mit ein paar Tropfen Ihrer Milch an oder fetten Sie sie mit ein klein wenig Mamillen-Lanolin (»Purelan«, in der Apotheke erhältlich) ein, um das richtige Ansaugen zu erleichtern.

Grundlegende Pflege: Lassen Sie nach dem Stillen den Milch-Speichel-Rest auf der Haut trocknen, denn er schützt und wirkt leicht antibakteriell. Wolle-Seide-Stilleinlagen sind luftdurchlässig und hautpflegend, bei gereizter Haut empfehlen sich statt Einlagen kleine Silberkappen.

Milchstau

Wenn Milch nicht rechtzeitig oder nicht ausreichend abfließt, sondern sich in den Brustdrüsen

ZUM ARZT!

Wenn die getroffenen Maßnahmen nicht innerhalb von 24 bis 48 Stunden zu einer deutlichen Besserung führen, gehen Sie bitte zum Arzt. Antibiotika sind dann sinnvoll und mit dem Stillen verträglich. Das Weiterstillen wird von Experten dringend geraten, weil es einen guten Verlauf unterstützt. Bei Fieber unbedingt Bettruhe halten und ausreichend trinken!

staut, wird die Brust an manchen Stellen fest, hart und schmerzhaft. Sollten Sie diese Symptome bei sich beobachten: bitte nicht abwarten! Stattdessen sollten Sie ohne Verzögerung alles tun, damit die Milch in Fluss kommt. Nichts holt die Milch so effektiv aus Ihrer Brust wie Ihr Baby: Durchwärmen Sie die Brust unter der heißen Dusche oder mit sehr warmen Umschlägen und legen Sie dann das Baby an, und zwar so oft und so lange wie möglich. Reicht diese Maßnahme allein nicht aus, hilft das Ausstreichen der Brust per Hand, dem eine lockernde Marmet-Brustmassage vorausgeht – lassen Sie sich das von Ihrer Hebamme oder Stillberaterin zeigen. Nach dem Stillen oder Ausstreichen kühlen Sie die Brust mit Coolpacks, kühlen Kohl- oder Quarkumschlägen, die Sie so lange wie möglich auf der Brust belassen und erst wechseln, wenn sie nicht mehr kühlen. Direkt vor dem nächsten Stillen muss die Brust wieder durchwärmt werden.

Brustentzündung

Aus einem nicht ausreichend behandelten Milchstau kann sich schnell eine Brustentzündung (Mastitis) entwickeln, weil körperwarme Milch ein idealer Nährboden für vorhandene, entzündungserregende Keime darstellt. Diese können aber auch über feine Hautwunden in der Brustwarze eindringen, dann entwickelt sich die Brustentzündung auch ohne vorangehenden Milchstau. Um die Gefahr einer infektiösen Brustentzündung zu verringern, ist besonders häufiges Händewaschen beim Umgang mit der Brustwarze wichtig.

Die Symptome von Milchstau und Brustentzündung sind anfangs nicht zu unterscheiden. Von einer Brustentzündung geht man dann aus, wenn die Brust nicht nur schmerzt, sondern auch stellenweise gerötet ist, außerdem das Stillen erschwert und sehr schmerzhaft ist. Fieber, Kopf- und Gliederschmerzen kommen oft hinzu. Nun gilt es vor allem, ebenso wie beim Milchstau, die Brust zu entleeren. Umschläge und Homöopathie haben sich als Behandlungsmöglichkeiten sehr bewährt.

DIE ERNÄHRUNG MIT DEM FLÄSCHCHEN

Wenn Sie Ihr Baby nicht stillen, brauchen Sie für seine Ernährung eine geeignete Formulamilch. Sie unterteilt sich in erster Linie nach Altersstufen. Für jede Altersgruppe gibt es unterschiedliche Qualitäten für spezielle Bedürfnisse.

In den ersten Monaten am besten Pre-Milch

In den ersten Lebensmonaten stehen für ein Baby, das nicht gestillt wird, sowohl Pre-Milch als auch Anfangsmilch 1 zur Auswahl. Der entscheidende Unterschied besteht in der Zusammensetzung: Pre-Milch folgt in der Mixtur weitgehend dem Vorbild der Muttermilch und verzichtet vollständig auf den Zusatz von Getreidestärke und weiteren Zuckerarten, die in der Anfangsmilch 1 ebenso wie in jeder Folgemilch zum Einsatz kommen.

Damit hat Pre-Milch einen Vorteil, den keine andere Formulamilch bietet: Sie darf ebenso wie Muttermilch ganz nach Bedarf gegeben werden, denn es besteht keine Gefahr, das Baby mit ihr zu überfüttern. Nur Pre-Milch kann deshalb strenggenommen als Muttermilchersatznahrung gelten.

Folgemilch

Für Babys ab dem siebten beziehungsweise achten Monat werden Folgenahrungen mit der Nummer 2 und 3 angeboten. Auch sogenannte Juniormilch ist auf dem Markt. All diese Milchnahrungen enthalten mehr Stärke und Zucker, als ein Baby oder Kleinkind zum Wachsen benötigt. Sie müssen streng nach Herstellerangaben dosiert werden, um eine Überernährung zu vermeiden.

Braucht Ihr Baby HA-Milch?

Pre-Milch oder Anfangsmilch gibt es bei verschiedenen Herstellern auch in der Qualität »Hypoallergen«. Dafür steht die Abkürzung HA und bedeutet, dass die Eiweißmoleküle in dieser Formulamilch verändert wurden, um einer allergischen Überreaktion des Immunsystems vorzubeugen. Einen Vorteil von HA-Formulamilch haben ausschließlich Babys mit erhöhtem Allergierisiko in ihren ersten vier Lebensmonaten. Für alle Säuglinge ab dem fünften Lebensmonat bringt HA-Formulamilch keine Vorteile mehr. Von einem erhöhten Allergierisiko beim Baby geht man aus, wenn mindestens ein Mitglied seiner engsten Familie – Eltern oder Geschwister – eine Allergie hat, egal welcher Art. Haben beide Eltern dieselbe Allergie, ist das kindliche Risiko noch höher.

KEINE HA-MILCH BEI LAKTOSE-UNVERTRÄGLICHKEIT!

Für Babys mit bestehender Milchallergie ist HA-Formulamilch schädlich. Sie müssen nach Absprache mit dem Kinderarzt mit Spezialnahrung gefüttert werden.

Das richtige Wasser fürs Baby

In Deutschland wird das Leitungswasser gut kontrolliert und ist in der Regel einwandfrei. Verunreinigungen sind allerdings durch die hausinternen Wasserleitungen durch Blei-, aber auch Kupferrohre möglich. Wenn Sie auf Nummer sicher gehen wollen, lassen Sie Ihr

Welche Formulamilch in welchem Alter?

Handelsübliche Bezeichnungen	Geeignete Altersgruppe
Pre-Milch, HA-Pre	Von Geburt an, keine Umstellung auf Folgemilch erforderlich
Anfangsmilch 1, HA-1	Von Geburt an, keine Umstellung auf Folgemilch erforderlich
Folgemilch 2, HA-2	Nach dem 6. Monat = ab dem 7. Lebensmonat

DAS FLÄSCHCHEN ZUBEREITEN

Bei der Zubereitung des Fläschchens ist es wichtig, dass Sie auf Hygiene und Sauberkeit achten. Darauf kommt es an:

- Bereiten Sie jedes Fläschchen erst unmittelbar vor der Mahlzeit frisch zu und wärmen Sie Reste von vorangegangenen Mahlzeiten niemals ein zweites Mal auf – sie sind ein idealer Nährboden für Keime!
- Waschen Sie sich vor der Zubereitung gründlich die Hände.
- Kochen Sie immer frisches Wasser ab und verwenden Sie kein mehrfach abgekochtes. Sie können das frisch abgekochte Wasser allerdings für 12 Stunden in einer Thermoskanne warmhalten, die Sie aber nur zu diesem Zweck verwenden sollten.
- Lassen Sie das Wasser auf 50 °C abkühlen, bevor Sie es mit dem Pulver vermischen, um zu verhindern, dass durch die Hitze wichtige Nährstoffe zerstört werden.
- Verwenden Sie ausschließlich den der Milchpackung beigefügten Messlöffel.
- Füllen Sie diesen nur locker mit Pulver und streifen Sie es mit einem sauberen Messerrücken ab. Geben Sie mehr Pulver als angegeben in die Flasche, erhält Ihr Baby zu viel Eiweiß und Fett und gleichzeitig zu wenig Wasser. Das kann dazu führen, dass Ihr Kind Verstopfung oder Durchfall bekommt und außerdem zu viel zunimmt. Für die Nacht oder für unterwegs können Sie die abgemessene Menge Milchpulver in einem trockenen Fläschchen gut verschlossen bereithalten.
- Legen Sie den Messlöffel sofort in die Packung zurück und verschließen Sie diese anschließend wieder. Milchpulver ist ein idealer Nährboden für Bakterien und andere Krankheitskeime. Bewahren Sie es deshalb stets sorgfältig verschlossen und kühl auf und lagern Sie es nach der Öffnung nicht länger als drei Wochen.
- Beim Verschütteln des genau abgemessenen Milchpulvers mit dem richtig temperierten Wasser achten Sie darauf, dass sich nicht zu viel Schaum bildet, denn das kann zu Verdauungsproblemen und Bauchkrämpfen beim Baby führen.
- Lassen Sie die fertig angerührte Formulamilch schließlich auf eine Trinktemperatur von maximal 37 °C abkühlen, höhere Temperaturen könnten zu Verbrennungen führen. Ob es passt, überprüfen Sie, indem Sie ein paar Tropfen der fertigen Milch auf Ihr Handgelenk tropfen lassen. Die Milch muss sich angenehm warm anfühlen.
- Beginnen Sie anschließend sofort mit dem Füttern. Trinkt das Baby zügig bis zum letzten Schluck, kann das bedeuten, dass es noch mehr Hunger hat. Hier ist es ein Vorteil von Pre-Nahrung, dass Sie ihm ein weiteres kleines Fläschchen zubereiten und anbieten können.
- Bieten Sie Ihrem Baby auf keinen Fall übrig gebliebene Milch später wieder an, sondern schütten Sie diese immer weg. Wärmen Sie Reste nicht wieder auf!

Trinkwasser analysieren. Wenden Sie sich zu diesem Zweck an Ihr zuständiges Wasserwerk oder an die Verbraucherzentrale. In Zweifelsfällen können Sie für die Zubereitung von Formulamilch auch stilles Mineralwasser in Glasflaschen verwenden, auf denen vermerkt ist, dass das Wasser zur Zubereitung von Säuglingsnahrung geeignet ist.

Unerlässliche Hygiene

Da Säuglinge noch nicht an Keime gewöhnt sind, müssen Sie in den ersten drei Monaten das Fläschchen samt Zubehör nach jedem Gebrauch nicht nur gründlich reinigen, sondern auch sterilisieren. Spülen Sie direkt nach jeder Verwendung Flasche, Ring und Sauger gründlich in Spülmittel und entfernen Sie mit Flaschen- und Saugerbürsten sorgfältig alle Milchreste. Spülen Sie danach alles mit klarem Wasser ab. Anschließend sterilisieren Sie Flasche, Ring und Sauger entweder in einem elektrischen Dampf-Sterilisator oder durch Auskochen für fünf Minuten in sprudelnd heißem Wasser. Ab dem dritten Monat genügt der Heißspülgang der Spülmaschine. Ein Hygieneproblem bilden eher Keime, die in das Milchpulver gelangen, und solche, die sich in Fläschchen mit bereits zubereiteter Milch bilden.

Den Sauger sollten Sie vor jeder Verwendung auf Schadhaftigkeit und Risse untersuchen und spätestens alle sechs Wochen durch einen neuen ersetzen.

Alles für einen gesunden Schlaf

BABYS SCHLAFRHYTHMUS

In den ersten Lebenstagen und -wochen stellen längere Essenspausen erst einmal eine Überforderung dar, egal ob sie tagsüber oder nachts stattfinden. Denn Neugeborene können noch keinen Unterschied zwischen Tag und Nacht machen – sie müssen schlafen, wenn sie satt sind, und werden wach, sobald sie wieder Hunger haben. Aber keine Sorge: Alle Babys beginnen sich früher oder später langsam an den Tag-Nacht-Rhythmus anzupassen.

Der Tag-Nacht-Rhythmus

Tagsüber können Sie nach wenigen Wochen erkennen, dass die Wachphasen Ihres Babys nach dem Stillen und Wickeln immer länger werden. Den ganzen Schlaf, den Babys in diesem Alter zwischen Aufstehen am Morgen und Zubettgehen am Abend brauchen, holen sie sich meist noch relativ gleichmäßig über den Tag verteilt. Allmählich spielt es sich ein, dass Ihr Baby tagsüber noch drei bis vier Mal schläft. Wobei die meisten Babys ihr erstes Tagesschläfchen bereits eineinhalb bis zwei Stunden nach dem Aufstehen am Morgen halten.

Nachts geben sich Babys in aller Regel schon bald damit zufrieden, dass sie sich ohne viel Aufhebens einfach an der Brust satt trinken dürfen – und direkt danach schlafen sie wieder weiter. Ganz typisch ist dabei ein Dreistundentakt. Die Ausnahme bilden Babys, die schon im zarten Alter von vier bis sechs Wochen eine lange nächtliche Pause zwischen zwei Mahlzeiten machen und sechs Stunden oder mehr am Stück schlafen. Sollte Ihr Baby zu dieser Gruppe gehören, genießen Sie es, denn im vierten Monat ist damit meist wieder Schluss.

HILFE FÜR »NACHTEULEN«

Während Babys sich an unseren Tag-Nacht-Rhythmus gewöhnen, machen sie meist eine Nachteulen-Phase durch, die ihren Höhepunkt im zweiten Lebensmonat erreicht. In dieser Zeit klagen die meisten Eltern darüber, dass ihr Kleines bis 23 Uhr putzmunter ist – oder sogar bis Mitternacht aufbleibt. Bei älteren Babys passiert das nur noch in Ausnahmefällen. Keine Sorge, das ist normal! Und diese Phase geht – wie viele andere Mühen im ersten Lebensjahr – ganz von selbst vorüber. Doch wie hält man das durch?

Den Feierabend vorverlegen

Üblicherweise betrachten wir den Abend als unsere Entspannungszeit. Wenn das Baby wach ist und weint oder dauernd nach der Brust verlangt, wird daraus aber nichts. In dieser Phase ist es am besten, sich in sein Schicksal zu fügen: Ruhen Sie sich aus, wenn das Baby tagsüber schläft, vor allem die Nachmittagsstunden sind gut geeignet. Erholung ist jetzt wichtiger als alles andere. Machen Sie sich klar, dass Sie gerade einen Job haben, bei dem die Hauptarbeitszeit zwischen 18 und 23 Uhr liegt.

Abendliches »Cluster-Feeding«

Das »gehäufte Trinken« ist typisch in diesem Alter und bringt normalerweise Ruhe in die jetzt oft unruhigen Abende. Am besten stellen Sie sich von Anfang an darauf ein, dass Ihre Abendgestaltung in den nächsten Wochen hauptsächlich aus andauerndem Stillen besteht, und machen Sie es sich mit Ihrem Kleinen auf der Couch gemütlich. Cluster-Feeding hat den positiven Effekt, dass die berühmt-berüchtigte abendliche Schreistunde, ebenfalls typisch in dieser Phase, oft ganz ausfällt.

MEHR SCHLAF VON ANFANG AN

Eine bis mehrere nächtliche Mahlzeiten sind im Alter von ein bis drei Monaten einfach unvermeidlich. Ein Baby nachts weinen zu lassen in der Hoffnung, dass es von alleine wieder einschläft, lohnt sich daher überhaupt nicht. Im Gegenteil ist es oft kontraproduktiv: Je länger ein Baby nach seiner Milch schreien muss, desto wacher wird es und braucht letztendlich wesentlich länger, bis es wieder eingeschlafen ist.

Den Tag-Nacht-Rhythmus betonen

Die Umstellung auf einen regelmäßigen Tag-Nacht-Rhythmus vollzieht sich bei allen Babys von ganz allein. Aber Sie können Ihrem Kind dabei helfen, indem Sie den natürlichen Unterschied zwischen Tag und Nacht spürbar machen. Für Ihre Tagesgestaltung bedeutet das, dass Sie alle gemeinsamen Aktivitäten tagsüber erledigen: plaudern, singen, spielen und spazieren gehen finden bei Tageslicht statt. Und auch wenn Ihr Baby tagsüber schläft, brauchen Sie weder auf besondere Stille zu achten, noch währenddessen das Zimmer abzudunkeln.

Nachts wird dann höchstens geflüstert. Stillen und Wickeln finden bei Dämmerlicht statt. Sie dürfen dabei auch ruhig »unkommunikativ« sein. Auch Schmusen und Spielen unterbleiben, denn beides macht das nächtliche Wachsein für Ihr Kleines attraktiv.

Weniger ist mehr

Gewöhnen Sie sich an, vor dem Zubettgehen alles bereitzulegen, was Sie nachts für die Versorgung Ihres Babys brauchen könnten. Wenn Sie Ihr Baby mit Formulamilch ernähren, können Sie die Nachtfläschchen vorbereiten, indem Sie das richtig dosierte Milchpulver bereits in sauberen und trockenen Fläschchen neben das Bett stellen und daneben eine Thermoskanne mit abgekochtem Wasser platzieren. So brauchen Sie die Milch nur noch anzurühren, wenn sich Ihr Baby nachts meldet.

In den ersten Monaten nach der Geburt muss Ihr Kind genau wie tagsüber nachts nach jeder Mahlzeit gewickelt werden. Bleiben Sie dabei möglichst im selben Raum und sparen Sie sich jeden zusätzlichen Weg. Sobald Ihr Baby nachts nicht mehr groß in die Windel macht, braucht es auch nach der Stillmahlzeit nicht mehr gewickelt zu werden. Geben Sie ihm stattdessen beim letzten Wickeln am späten Abend, bevor Sie selbst schlafen gehen, eine extra dicke Nachtwindel, die bis zum Morgen dichthält.

Papas Nachtschicht

Eine weitere Möglichkeit, wie Sie zu etwas mehr Schlaf kommen, besteht darin, dass Sie und Ihr Partner nicht gemeinsam, sondern abwechselnd mit dem Baby zusammen schlafen. Das sieht am Anfang so aus: Wenn Papa »Nachtschicht« hat, schläft Mama in einem anderen Zimmer. Das Baby weckt den Vater, er bringt es zum Stillen zur Mutter und nimmt es direkt danach wieder mit. Dann wickelt er es und legt sich wieder mit ihm schlafen. Es ist erstaunlich, wie viel mehr Schlaf Sie bekommen, wenn Sie nicht schon beim ersten Pieps des Babys aufwachen und während des Stillens fast schon wieder einschlafen können, weil Sie wissen, dass Ihr Partner das Baby anschließend versorgt.

Tipp

Gesund und entspannt schlafen

Als beste Zimmertemperatur zum Schlafen gelten für kleine Babys rund 18 °C. Wichtig ist, dass kein Luftzug herrscht und weder Fenster noch Wand Kälte abstrahlen. Vor der Nacht gut durchzulüften ist besser, als ein Fenster die ganze Nacht gekippt zu halten.

Das Baby soll im Bett zwar nicht schwitzen, aber warm genug sollte ihm schon sein. Ob Ihr Baby beim Schlafen die ideale Körpertemperatur hat, spüren Sie, wenn Sie es unterhalb des Nackens zwischen den Schulterblättern berühren: Die Haut sollte sich angenehm warm, aber nicht schwitzig anfühlen.

Ein langärmeliges Hemdchen und ein langes Höschen beziehungsweise ein weicher Strampler sind die richtige Nachtwäsche für Ihr Baby, im Sommer aus kühlerem und im Winter aus wärmerem Stoff. Darüber können Sie ihm einen Baumwollschlafsack anziehen, der im Winter gefüttert ist. Oder Sie decken Ihr Kind, wenn Sie sich beide damit wohler fühlen, mit einer leichten Decke zu. Aber verzichten Sie auf Feder- und Daunenbettzeug.

Körperkontakt als Einschlafhilfe

Babys müssen nicht »lernen«, wie das Einschlafen geht – das widerspricht sämtlichen Erkenntnissen über den menschlichen Schlaf.

Wissenschaftlich ebenso wie empirisch bestätigt ist allein diese Tatsache: Je geborgener und sicherer ein Baby – und jeder Mensch – sich beim Einschlafen fühlt, desto besser ist es für einen ruhigen und tiefen Schlaf.

Ihr Baby vergewissert sich

Den Grund für das tiefe Bedürfnis von Babys und Kleinkindern, im Körperkontakt einzuschlafen, erklärt die Evolutionsbiologie: Alleingelassen zu werden bedeutete für ein Baby unserer nomadisch umherziehenden Vorfahren Todesgefahr. Die Geborgenheit heutiger Wohnungen hat sich dem menschlichen Nervensystem noch nicht eingeprägt, aus Sicht der Evolution besteht sie erst seit kurzer Zeit. In diesem Alter muss ein Baby seine Eltern noch spüren, um zu wissen, dass es nicht alleine ist. Später genügt es ihm, seine Eltern zu sehen, nach der überstandenen Fremdelphase reicht es ihm, sie zu hören, und wieder später genügt ihm das bloße Wissen, dass sie in der Wohnung sind.

Pflege und Gesundheit

RUND UM DIE HAUTPFLEGE

Sobald die Nabelwunde verheilt ist, können Sie Ihr Kleines in seinen ersten Lebensmonaten ein- bis zweimal die Woche baden, am besten nur in warmem Wasser, in das Sie höchstens ein paar Tropfen mildes Waschgel oder rückfettenden Badezusatz geben. Normalerweise reicht es in den ersten Monaten völlig aus, wenn Sie täglich das Gesichtchen, den Hals und den Windelbereich waschen und einmal wöchentlich den ganzen Körper. Nach jeder Wäsche cremen Sie das Baby dünn ein oder massieren es mit ein paar Tropfen Öl.

Das Baden und Waschen

Bevor Sie beginnen, richten Sie alles griffbereit her, damit Ihr Baby möglichst wenig auskühlt. In den ersten drei Monaten sollten Sie Ihr Kind am besten nur unter der Wärmelampe ausziehen und waschen. Wenn Sie es baden, hüllen Sie es auf dem Weg zur und von der Badewanne in ein vorgewärmtes Badetuch. Die richtige Badewassertemperatur ist 37 °C. Die Raumtemperatur sollte gute 21 °C betragen. Wärmen Sie alle Handtücher ebenso wie die Babykleidung vor (Heizkörper oder Wärmflasche). Beim Waschen gehen Sie in den ersten Wochen am besten in Etappen vor: Lassen Sie Ihr Baby unten herum noch bekleidet, während Sie Gesicht, Hals und Oberkörper waschen, und ziehen Sie ihm schon ein Hemdchen an, bevor sein Unterkörper an die Reihe kommt.

Säubern Sie sanft alle Hautfalten und trocknen Sie Ihr Kind dort besonders sorgfältig ab, ebenso wie hinter den Ohren, in den Achselhöhlen, zwischen den Fingern und Zehen, in den Leistenbeugen und den Kniekehlen.

Haarewaschen

Verzichten Sie in den ersten zwei Monaten möglichst darauf, den Kopf Ihres Babys zu waschen – er ist jetzt noch besonders kälteempfindlich. Bei vielen Babys ist der Kopf in den ersten Wochen von einer Art Grind bedeckt, auch Kopfgneis genannt. Diese fettigen, flächigen Schuppen sind ein harmloser Belag, nicht zu verwechseln mit echtem Milchschorf (siehe Seite 61). Viele Kinderärzte raten davon ab, ihn zu entfernen, solange das Kind nur wenige Haare hat, weil er einen natürlichen Kälteschutz darstellt.

Ohren, Nase und Genitalien

Ohren, Nase und Genitalien des Babys reinigen sich von selbst. Ist die Nase durch Schnupfen verklebt, tupfen Sie nur die Ränder der Nasenlöcher mit etwas Babyöl ab. Die Vorhaut der kleinen Jungen haftet noch an der Eichel und darf daher nicht zurückgeschoben werden. Auch die Schamlippen der Mädchen werden nur äußerlich gereinigt.

Nagelpflege

Die Finger- und Fußnägel des Babys wachsen erstaunlich rasch. Damit es sich möglichst wenig damit kratzt, können sie ab dem zweiten Monat gelegentlich ein wenig mit einer Babynagelschere geschnitten werden. Das Nägelschneiden geht in den ersten Monaten am besten, während Ihr Baby schläft.

DIE KINDERÄRZTLICHE VORSORGE: U3

Zwischen der vierten und sechsten Lebenswoche ist es Zeit für die dritte Vorsorgeuntersuchung. Im Fokus steht bei diesem Termin die frühe Entwicklung: Wie weit bestehen die frühen Reflexe noch? Bewegt sich das Baby alterstypisch? Stellen Sie dabei alle Fragen zur Körperhaltung oder Muskelspannung Ihres Babys. Weisen Sie darauf hin, wenn Ihnen z. B. eine deutliche Lieblingsseite, eine asymmetrische Kopfhaltung oder -form (Plagiocephalus) aufgefallen ist, und lassen Sie sich dann auch gleich eine Verordnung für osteopathische Behandlungen mitgeben.

Getestet werden auch Reaktionen auf bestimmte Reize: Wie reagiert das Kind, wenn es angesprochen wird? Außerdem wird festgestellt, ob Ihr Baby Gegenstände mit den Augen fixieren und verfolgen kann. Wenn Ihr Baby beim konzentrierten Schauen noch häufig schielt, sollten Sie das jetzt ansprechen. Denn in der Zeit zwischen dem zweiten und zehnten Lebensmonat lernt das Gehirn, die Informationen aus beiden Augen richtig zu koordinieren. Erhält es in dieser Zeit »falsche« Informationen, kommt es zu Fehlentwicklungen im visuellen Kortex, die später nicht mehr vollständig korrigiert werden können. Das spielt vor allem für die räumliche Wahrnehmung eine zentrale Rolle.

Schlaf und Ernährung sind weitere Themen. Hatte das Baby eine Neugeborenengelbsucht, findet jetzt die Nachuntersuchung statt, und falls die Hüftgelenke auffällig waren, wird jetzt eine zweite Ultraschalluntersuchung gemacht.

Bei der U3 wird über die in den kommenden Monaten und Jahren anstehenden Impfungen gesprochen. Die Impfung gegen Rotaviren kann, falls gewünscht, schon mit sechs Wochen begonnen werden, und ab der 9. Woche darf die sogenannte Grundimmunisierung beginnen.

Impfen

Am Thema Impfung scheiden sich die Geister. Umso wünschenswerter ist es, dass Kinderärzte so undogmatisch wie möglich beraten. Die Ständige Impfkommission (STIKO) am Robert-Koch-Institut gibt den häufig aktualisierten Impfkalender heraus und bestimmt damit, welche Impfungen von den Krankenkassen be-

zahlt werden. Er umfasst im ersten Lebensjahr Impfungen zum Schutz vor Rotaviren, Tetanus, Diphterie, Keuchhusten (Pertussis), Kinderlähmung (Poliomyelitis), Hepatitis B, Hib (Haemophilus influenzae Typ b) und Pneumokokken.
Schon mit sechs Wochen kann die erste Impfung gegen Rotaviren erfolgen, mit Beginn des 13. Lebensmonats kann gegen Meningokokken, Masern, Mumps, Röteln (MMR) und Windpocken (Varizellen) geimpft werden.
Üblich sind Kombinationsimpfstoffe zur Fünf- oder Sechsfach-Impfung in einer Spritze. Die Impffaktoren befinden sich in einer Lösung mit nicht unbedenklichen Zusatzstoffen, die den kleinen Organismus belasten und sich im Verlauf der vielen Impftermine summieren würden. Durch die Kombinationsimpfung wird diese Lösung jeweils nur einmal verabreicht. Ein möglicher Nachteil der Kombination: Das unreife Immunsystem muss sich nach jeder Spritze mit fünf oder sechs abgeschwächten Krankheitserregern und Toxoiden gleichzeitig auseinandersetzen.

BITTE NICHT IMPFEN!

Es sollte nicht geimpft werden ...

- wenn das Baby nicht gesund ist: Nach Erkrankungen sollten bis zum Impftermin mindestens zwei Wochen verstreichen.
- bei körperlicher oder seelischer Belastung: Darunter fallen zum Beispiel Zahnungsphasen, Reisen und große Familienfeste sowie (vorübergehende) Trennungen.
- bei bekannter Allergie und Neurodermitis: Wurden in einer Familie Allergien gegen eine oder mehrere der vielen Additiva im Impfstoff identifiziert – zum Beispiel Antibiotika, Hühnereiweiß, Formaldehyd, Thiomersal –, muss auf einen Impfstoff ausgewichen werden, der die entsprechende Substanz nicht enthält. Sonst ist es sicherer, auf die Impfung zu verzichten.
- bei vorangegangener übermäßiger Impfreaktion: Hat das Baby bei einer Impfung eine auffällige Reaktion gezeigt (hohes Fieber, Krämpfe, andere neurologische Symptome, Ausschläge und ähnliches), darf die Impfung erst wiederholt werden, wenn die Ursache dieser Impfreaktion geklärt ist.

Individuelle Lösungen finden

Jede Impfung ist ein Eingriff in das Immunsystem, das ist ihr Sinn. Im Säuglingsalter befindet sich dieses jedoch in einer Entwicklungsphase der allmählichen Reifung, der langsamen Ausformung und Differenzierung, in der es – wie jedes andere System in dieser Phase auch – noch äußerst störungsanfällig ist. Eltern sollten in der Kinderarztpraxis Verständnis erwarten dürfen, wenn sie sich fragen, in welchem Verhältnis das Risiko einer negativen Impffolge zum möglichen Schutz durch die Impfung steht. Die Vereinigung der Ärzte für individuelle Impfentscheidung e.V. bietet auf ihrer Webseite www.individuelle-impfentscheidung.de viele sehr hilfreiche Informationen.
Lassen Sie sich den Impftermin am Anfang der Woche geben. So ist die Praxis gut erreichbar, falls unerwünschte Nebenwirkungen auftreten.

BABYS WACHSTUM

In den ersten drei Lebensmonaten wachsen Babys am schnellsten: Sie nehmen pro Monat durchschnittlich drei bis vier Zentimeter an Länge und 500 bis 1000 Gramm an Gewicht zu. Die Gewichtszunahme geschieht nicht gleichmäßig, sondern meist in Schüben. Anfangs wird das Baby von der Hebamme während der Wochenbettbesuche gewogen, später in der kinderärztlichen Praxis. Auffällig wäre zum Beispiel, wenn das Gewicht drei Wochen lang relativ konstant bliebe, denn das käme in diesem Alter einer Gewichtsabnahme gleich. In einem solchen Fall sollten Sie frühzeitig fachliche Beratung in Anspruch nehmen.

MÖGLICHE BESCHWERDEN

Nabelbruch

Die Bauchmuskulatur bildet im Nabelbereich eine Durchtrittslücke für die Nabelschnur, die sich erst im Verlauf des ersten Lebensjahres schließt. Kommt es hier zu einer kugeligen, weichen Wölbung, bedeutet das, dass ein Teil des Darms durch diese Lücke geschlüpft ist. Das kann durch heftiges Schreien oder durch Pressen beim Stuhlgang passieren. Normalerweise verursacht der Nabelbruch keine Beschwerden. Lassen Sie Ihr Baby als »Therapie« mehrmals täglich nackt unter der Wärmelampe strampeln, damit sich die Bauchdeckenmuskulatur schneller festigt und schließt. Der Nabelbruch sieht erschreckend aus, ist aber an sich harmlos. Gehen Sie trotzdem zum Arzt.

Säuglingsschnupfen

Das Näschen ist in den ersten Monaten schnell mal verstopft, weil die noch sehr feinen Nasengänge bei der geringsten Schleimbildung blockiert werden. Abschwellend wirken ein paar Tropfen Muttermilch oder isotone Kochsalzlösung (aus der Apotheke), die mit einer Pipette in jedes Nasenloch geträufelt werden.

Schmierauge

An den Augenlidern bildet sich während des Schlafs ein grün-gelbes Sekret, sie sind dadurch häufig beim Aufwachen verklebt. Dem liegt eine vorläufige Enge des Tränenkanals zugrunde, die sich ganz einfach »auswachsen« wird. Wischen Sie das Augenlid mit einem feuchten, nicht-flusenden Läppchen von außen nach innen ab. Rollen Sie mehrmals täglich die Kuppe Ihres kleinen Fingers einige Male zwischen Augenwinkel und Nasenrücken hin und her und streichen diese zur Nasenspitze hin aus, das unterstützt den Abfluss der Tränenflüssigkeit.

Dreimonatskoliken

Von Blähungen und Koliken wird manches Baby in diesem Alter zumindest gelegentlich geplagt. Die Ursachen sind vielschichtig, nicht immer handelt es sich um echte Darmprobleme. Sie können den Koliken vorbeugen, indem Sie jegliche Abkühlung beim Baby vermeiden sowie Ihre Ernährung umstellen: Bei häufigen Beschwerden des gestillten Babys streichen Sie testweise Kuhmilch und Kuhmilchprodukte für zehn Tage konsequent aus der eigenen Ernährung – wenn es hilft, lassen Sie diese weiterhin weg oder probieren Sie aus, ob ein Umstieg auf laktosefreie Milch und kuhmilchfreie Käsesorten ausreicht. In Einzelfällen ist auch eine manuelle Therapie, wie die Osteopathie, angezeigt.

Der 4. bis 6. Monat

Jetzt interessiert sich das Baby sehr stark für die Welt und will sie neugierig erkunden. Mit Geduld und Freude übt es neue, aktive Bewegungen, weil es seinen kleinen Körper zunehmend besser beherrscht. Genauso viel Spaß macht es ihm, mit Ihnen zu »plaudern«, und das Schönste ist es, wenn Sie ihm Verse aufsagen oder Lieder vorsingen.

Mit allen Sinnen in Beziehung sein

SO NIMMT IHR BABY DIE WELT WAHR

Sehen

Blickfolgebewegungen nehmen ab dem vierten Monat deutlich zu. Ihr Baby hat jetzt Spaß daran, wenn Sie ihm verschiedene Gegenstände zeigen und langsam hin und her bewegen.

Hören

Was sich jetzt noch spezieller ausbildet, ist der Sinn für den Ursprung von Geräuschen.

Sprachentwicklung: erstes Brabbeln

Immer mehr spielt Ihr Baby jetzt bewusst mit seiner Stimme – und entdeckt, wie viel Spaß das macht! Es führt auch gerne Selbstgespräche, brabbelt immer differenziertere Laute vor sich hin und bildet bald rhythmische Silbenketten.

Stimmungen erkennen

Im Alter von vier bis sechs Monaten sind viele Babys wahre Wonneproppen. Sie lächeln jeden Menschen freundlich an, und manchmal geraten sie über eine Sache so sehr in Begeisterung, dass sie zum ersten Mal laut jauchzend auflachen. Ein wundervoller Augenblick! Für eine gelungene Verständigung ist es wichtig, dass die Gefühle erkannt werden, die in einer Aussage mitschwingen. Dieses Verständnis beginnen Babys mit vier Monaten zu entwickeln. Mit fünf Monaten fangen sie an zu verstehen, dass ein freundlicher Tonfall mit einem freundlichen Gesichtsausdruck einhergeht und ein ärgerlicher Gesichtsausdruck mit einer ärgerlichen Stimme.

DAS VERWÖHN-GESPENST

»Die Kleine wickelt euch nur um den Finger, wenn ihr bei jedem Pieps immer gleich springt!« – »Du hast das Kerlchen schon total verwöhnt mit deinem ständigen Herumtragen – lass es doch einfach mal schreien!« Diese Einstellung wird von der modernen Säuglingsforschung vollständig widerlegt. Verlässliche und prompte Fürsorge stärkt das Urvertrauen Ihres Kindes, und auch für die Eltern lohnt sich die Mühe: Denn Kinder, deren Bedürfnisse konsequent erfüllt werden, sind deutlich zufriedener und weinen viel weniger.

Frühe Erfahrungen prägen

Die Bedeutung emotionaler Sicherheit für die Entwicklung des kindlichen Gehirns kann kaum überschätzt werden. Hat ein Kind ein Gefühl von Geborgenheit, kann es neue Situationen und Erlebnisse nicht als Bedrohung, sondern als Herausforderung einordnen. Eltern, die ihrem Baby also viel Körperkontakt bieten, liebevoll und zärtlich mit ihm umgehen und rasch, verständnisvoll und verlässlich auf sein Weinen reagieren, tun damit ohne Zweifel das Beste für ihr Kind.

Psst ... bitte nicht stören!

Nachdem sie beim Trinken, Wickeln, Waschen, Umziehen ein intensives Miteinander genießen konnten, haben Babys zwischendurch auch einmal genug von der elterlichen Zuwendung und möchten die Welt auf eigene Faust erkunden. Jetzt ist es eine spannende Sache, sich mit den eigenen Händen und Füßen zu beschäftigen, die Finger und Zehen anzuschauen, festzuhalten, in den Mund zu stecken und ausgiebig daran zu lutschen. Damit sind Babys in diesem Alter immer öfter eine kleine Weile – anfangs nur Minuten – bestens ausgelastet.

Braucht Ihr Baby Sie wieder?
Wenn Ihr Baby anfängt, unruhig zu werden, zu quengeln oder weinen, braucht es wieder Ihre Aufmerksamkeit. Ist das der Fall, gehen Sie am besten gleich zu ihm, ohne es warten zu lassen. Versuchen Sie seine Bedürfnisse zu erspüren, bevor Sie aktiv werden. Was braucht Ihr Baby jetzt? Könnte es sein, dass ihm nur ein Spielzeug außer Reichweite gerutscht ist? Oder ist ihm einfach langweilig geworden, und es braucht etwas Neues, um sich zu beschäftigen? Probieren Sie erst aus, ob Ihr Baby noch alleine weiterspielen würde. Vielleicht ist es aber auch schon Zeit für die nächste Mahlzeit, das nächste Nickerchen? Wenn nicht, dann ist es wohl nur ein wenig müde geworden und braucht Ihre Nähe, um darin aufzutanken.

Tipp

Viel Spaß beim Alleine-Spielen

Wenn Sie Ihrem Baby zwischendurch immer wieder die Gelegenheit geben, sich allein zu beschäftigen, erwirbt es dadurch wichtige Fähigkeiten zur Selbstregulierung. Beachten Sie dabei folgende Dinge:

- Am liebsten beschäftigen Babys sich alleine, wenn sie satt, ausgeschlafen und frisch gewickelt sind.
- Breiten Sie die Krabbeldecke am besten auf dem Boden aus.
- Bringen Sie alle gefährlichen Gegenstände außer Reichweite Ihres Babys.
- Bieten Sie Ihrem Baby altersgemäßes, schadstofffreies Spielzeug an.
- Die Gewissheit, dass Sie in der Nähe sind, macht es dem Baby leicht, sich seinem Forscherdrang zu widmen.

Die motorische Entwicklung

IHR BABY WIRD MOBILER

Das Baby ist nun schon so geübt darin, in der symmetrischen Rücken- und Bauchlage ein stabiles Gleichgewicht zu bewahren, dass es sich mehr und mehr damit beschäftigt, wie eine Balance auch in asymmetrischen Positionen erreicht werden kann. Eine andere Lieblingsübung besteht darin, beide Arme und Beine gleichzeitig vom Boden abzuheben. Schließlich fasst das Baby allmählich die Möglichkeit ins Auge, auch an weiter entfernte Gegenstände heranzukommen. Zum Robben und Krabbeln ist es dann nicht mehr weit.

Obwohl Ihr Baby schon seit seiner Geburt greifen kann, war das bisher noch keine bewusst gesteuerte Bewegung. Dieser Greifreflex wird jetzt schwächer und erlischt schließlich bis zum Ende des ersten Halbjahres – was dem Baby erstmals bewusste Greifbewegungen erlaubt. Es unterscheidet kalt und warm, hart und weich, starr und nachgebend. Im Gehirn werden zwischen allen Informationen Verbindungen hergestellt.

BABYS ÜBUNGEN IM LIEGEN

Rückenlage

Immer wenn das Baby strampelt, kräftigt es seine Bauch- und Rückenmuskulatur. Mit drei Monaten üben manche Babys schon das Drehen auf die Seite, mit viereinhalb Monaten schafft das schon jedes zweite Kind. Mit fünf bis sechs Monaten beherrscht es fast jedes Kind. Mit sechs Monaten drehen sich die meisten Babys nach beiden Seiten.

Seitenlage

Sich hier in Balance zu halten ist eine Sache für sich. Das Baby entdeckt, wie es den Fuß seines oberen Beines am Boden stabilisiert und so bald beide Hände frei hat, um damit einen Gegenstand zu erforschen. Sich nach Belieben auf eine Seite drehen und dort verweilen zu können, gibt Ihrem Baby eine ganz neue Perspektive. Das Wickeln wird nun mitunter zu einer Herausforderung. Ein lustiger Reim oder ein interessantes Mobile, das sie etwa 50 Zentimeter über dem Wickeltisch befestigen, kann seine Aufmerksamkeit eventuell lange genug fesseln, um Ihnen das Wickeln zu ermöglichen.

Bauchlage

Mit fünf bis sechs Monaten gelingt es vielen Babys zum ersten Mal, sich von der Seitenlage auf den Bauch zu drehen – oft kippen sie plötzlich und landen zu ihrem eigenen Erstaunen auf ihrer Vorderseite. Erstes »Problem« dabei: Der Arm, über den es sich gerollt hat, bleibt unter dem Körper liegen – wie ärgerlich! Anfangs muss schnell die Mama oder der Papa kommen und helfen, doch sehr bald findet es selbst heraus, wie es weitergeht.

DAS BABY WILL VOM FLECK

Kreiseln

Wenn Ihr Baby Kopf und Schultern gleichzeitig mit den Fersen in den Boden stemmt, kann es sein Becken vom Boden abheben. Mit Geschick entdeckt es, dass ein kleiner Rumpfschwung vor dem erneuten Aufsetzen des Beckens seine Position im Raum verändert. Dann versetzt es die Füße und macht dasselbe noch mal – und schon geht es im Kreis herum. In Kombination mit dem Rollen kommt es mit dieser Methode schon ganz schön weit!

Rutschen und Schieben

In der Rückenlage kann Ihr Baby die Fersen auf den Boden drücken und gleichzeitig die Beine strecken – schon ist es ein Stück gerutscht. Ein typisches Malheur passiert Babys, wenn sie dasselbe in der Bauchlage üben: Mit dem kräftigen Strecken der Arme schieben sich die meisten Babys zuerst nach hinten statt nach vorne – und entfernen sich mehr von ihrem Ziel. Jetzt brauchen die Zehen Halt am Boden: Helfen Sie Ihrem Kind mit einer rutschfesten Unterlage, und befreien Sie es von rutschigen Söckchen.

Feinmotorische Entwicklung

Beharrlich erarbeitet sich Ihr Baby ab dem vierten Monat das gezielte Greifen. Mit vier bis fünf Monaten greift es gezielt nach allem, das sein Interesse weckt – das klappt mit fünf bis sechs Monaten schon fast perfekt. Beliebt sind nun Mamas Halskette, Opas Brille, Papas Haare. Was

MOTORISCHE MEILENSTEILE IM ERSTEN JAHR

Bewegungsform	10 %	25 %	50 %	75 %	90 %	Anteil aller Babys
Dreht sich auf die Seite	11.	14.	17.	20.	23.	Lebenswoche
Dreht sich auf den Bauch	18.	20.	24.	27.	30.	Lebenswoche
Dreht sich vom Bauch zurück	21.	25.	28.	32.	37.	Lebenswoche
Kriecht auf dem Bauch	29.	33.	38.	43.	47.	Lebenswoche
Krabbelt auf Knien und Händen	35.	39.	43.	49.	55.	Lebenswoche

immer das Baby in der Hand hat, wird genau betrachtet und am liebsten sofort zum Mund geführt. Mit der ausgeprägten Tastsensibilität der Lippen lässt sich die Beschaffenheit der Dinge noch besser erforschen.

Stillen und Ernährung

EINFACH STILLEN

Für viele Frauen beginnt die schönste Phase der Stillzeit, sobald ihr Baby vier Monate alt ist. Das Stillen geht schon wie von selbst – aber über ein paar Dinge sollte man Bescheid wissen.

Wenn Ihr Baby sich ablenken lässt

Im vierten Monat erlebt das Baby mehr, es sieht, hört und spürt besser – das ist spannend! Damit Ihr Baby richtig trinkt, ziehen Sie sich am besten in ein ruhiges Zimmer zurück.

Hilfe, mein Baby will die Brust nicht

In dieser Phase, typischerweise zu Beginn des vierten Monats, lassen sich manche Babys vorübergehend nur noch ungern stillen, wenn um sie herum Trubel herrscht. Stillen Sie Ihr Kind dann direkt vor dem Aufwachen aus jedem Schlaf. Versuchen Sie es auch einmal beim Spielen zwischendurch einfach auf dem Wohnzimmerteppich oder beim gemeinsamen Baden. Damit die Milch nicht zurückgeht, sollten Sie zu den üblichen Tageszeiten Ihre Milch abpumpen. Vielleicht nimmt Ihr Baby die Milch auch besser aus dem Glas an. Trösten Sie sich: Kein Streik dauert ewig.

Das Baby weint vor dem Trinken

Wenn sich das Kind, statt wie gewohnt zu trinken, abwendet und weint, kann das ganz unterschiedliche Gründe haben:

- Am Ende des dritten Monats verändert sich die Brust. Das pralle Gefühl lässt nach, und sie wirkt vor den Mahlzeiten weicher als bisher. Oftmals verändert sich gleichzeitig auch der Milchspendereflex. Dieser Vorgang geht manchmal so plötzlich vor sich, dass ein Baby sozusagen »seine« Brust nicht wiedererkennt. Viele Babys reagieren irritiert und unglücklich, wenn es auf einmal ungewohnt lange dauert, bis die Milch fließt. Das kann so weit gehen, dass sie das Trinken verweigern. Hier hilft nur Geduld. Sprechen Sie mit Ihrer Stillberaterin!

- Haben sich die Sauggewohnheiten geändert? Wenn Sie bisher künstliche Sauger oder Stillhütchen benutzen mussten, könnte Ihr Baby Probleme mit der Umstellung haben und deshalb die Brust ablehnen.
- Hat die Milch einen anderen, ungewohnten Geschmack? Vielleicht haben Sie ein stark gewürztes Gericht gegessen. Gönnen Sie sich ein Dessert mit viel Vanille, dann schmeckt Ihre Milch bald wieder normal.
- Haben Sie einen neuen Duft, ein neues Waschmittel oder Deodorant? Dann werden Sie nach einer warmen Dusche sicher wieder ganz normal stillen können.

Das Baby weint während des Trinkens

Wenn das Baby die Brust unvermittelt loslässt und dabei weint, kann eine der folgenden Ursachen dahinterstecken:

- Bei manchen Babys reagiert bei jeder Stillmahlzeit sofort der Darm. Sie hören dann, wie es im Bauch Ihres Babys laut gluckert. Kommt das öfter vor, legen Sie Ihrem Kind gleich zu Beginn der Mahlzeit ein warmes Kirschkernkissen auf den Bauch.
- Das Baby hat sich beim Trinken verschluckt, und das tut ihm weh. Nehmen Sie Ihr Kind in die Bäuerchen-Haltung (siehe Seite 31, Bild 2), bis es sich wieder beruhigt hat.
- Bei einem Schnupfen kann ein verstopftes Näschen das Trinken unmöglich machen. Träufeln Sie ein paar Tropfen Muttermilch oder isotone Kochsalzlösung in die Nasenlöcher, das wirkt abschwellend.
- Das Baby hat eine Lieblingsbrust und weigert sich, an der anderen Seite zu trinken. Vielleicht fließt auf der einen Seite die Milch leichter. Regen Sie die benachteiligte Seite per Milchpumpe zusätzlich an.

Das Baby weint direkt nach dem Trinken

Wenn das Baby nach dem Trinken weint,

- muss es vielleicht nur aufstoßen. Nehmen Sie es also zuerst hoch, um zu sehen, ob es ein Bäuerchen machen muss. Danach bieten Sie ihm die Brust noch einmal an, vielleicht verspürt es nach dieser kleinen Pause wieder Hunger. Dasselbe gilt, wenn es gespuckt hat.
- hat es vielleicht zu hastig getrunken und Bauchschmerzen. Legen Sie Ihrem Kind etwas Warmes auf den Bauch, reden Sie ihm beruhigend zu. Achten Sie beim Stillen darauf, dass Ihr Baby so liegt, dass es seinen Kopf nicht zur Seite drehen muss, so ist seine Speiseröhre beim Trinken entspannter, und es bekommt nicht so leicht Bauchweh.

MILCH ABPUMPEN UND AUFBEWAHREN

Handpumpen gibt es mit Griffen oder Kolben in verschiedenen Ausführungen (nicht empfehlenswert: Ballonpumpen). Sie sind sehr gut ge-

ZUM ARZT!

Lassen Sie Ihr Baby auf jeden Fall von einem Kinderarzt untersuchen, wenn es nach jedem Trinken stark erbricht, viel weint und sehr oft Hunger hat.

eignet, wenn Sie nur gelegentlich abpumpen. Elektrische Milchpumpen sind für den häufigen und längerfristigen Gebrauch gedacht, etwa wenn Sie wieder ins Arbeitsleben einsteigen wollen. Müssen Sie nur vorübergehend häufig abpumpen, leihen Sie sich am besten eine elektrische Milchpumpe in der Apotheke aus.
Auch hier gibt es unterschiedliche Modelle. Wählen Sie am besten eine Milchpumpe mit Doppelabpumpset, stufenloser Saugstärke-Regelung und Intervallschaltung. Achten Sie darauf, dass die Größe der Ansaugtrichter genau zu Ihrer Brust passt, damit das Abpumpen keine Schmerzen verursacht. Um einen Milchvorrat anzulegen, pumpen Sie jeweils nach dem Stillen die restliche Milch ab, bis Sie genug gesammelt haben. Wie lange Sie die Milch aufbewahren können, können Sie der Tabelle entnehmen. Erwärmen Sie Milch niemals in der Mikrowelle – wenn sie sich ungleichmäßig erhitzt, besteht Verbrühungsgefahr! Denken Sie beim Füttern mit dem Fläschchen an gute Hygiene.

BEIKOST: GANZ NACH BEDARF

Wenn das Baby zu essen beginnt, hat es einen der wichtigsten Schritte auf dem langen Weg zur Selbstständigkeit geschafft. Ein ganz neuer Geschmack auf der Zunge, eine neue Konsistenz im Mund, ein anderes Gefühl beim Schlucken – alles ist eine Sensation. Verständlich, dass es dieses Neue mit allen Sinnen begreifen möchte, auch mit seinen Händchen.

Wann darf ein Baby loslegen?

Frühestens nach dem vierten Monat kann Beikost angeboten werden. Milch bleibt aber noch

MUTTERMILCH FRISCH HALTEN

	Raumtemperatur	**Kühlschrank**	**Tiefkühlung**
Frische Muttermilch im verschlossenen Behälter	• Bei 15 °C: 24 Stunden • Bei 19–22 °C: 10 Stunden • Bei 25 °C: 4–6 Stunden	Bei 4 °C: 3–5 Tage	• Im Tiefkühlgerät bei konstant -19 °C: 6 Monate • Im separaten Tiefkühlfach mit eigener Kühlung: 3–4 Monate • Im integrierten Tiefkühlfach des Kühlschranks: 2 Wochen
Im Kühlschrank aufgetaute Muttermilch	Bis zu 4 Stunden (= bis zur nächsten Mahlzeit)	24 Stunden	Nicht erneut einfrieren
Im Wasserbad aufgetaute Muttermilch	Bis zum Ende der Mahlzeit (bei Sondenernährung: bis zu 4 Stunden)	4 Stunden	Nicht erneut einfrieren
Bereits wiedererwärmte Muttermilch	Bis zum Ende der Mahlzeit	Nicht mehr füttern	Nicht erneut einfrieren

lange Zeit das Hauptnahrungsmittel – wie lange, das entscheidet am besten das Baby selbst. In den ersten sechs Lebensmonaten ist Stillen die optimale Säuglingsernährung.

Bei Formulaernährung ersetzt das Baby seine Milchmahlzeiten je nach Appetit allmählich durch Breimahlzeiten. Bei Ernährung mit Muttermilch hingegen ist es günstig, bei jeder Beikostmahlzeit zusätzlich auch die Brust anzubieten, weil die Muttermilch Enzyme enthält, die den kindlichen Stoffwechsel beim Aufnehmen von neuen Lebensmitteln unterstützen.

Ist mein Baby reif für Beikost?

Individuell betrachtet beginnt das Beikostalter für ein Kind, sobald es aufrecht sitzen und zugreifen kann. Wenn Ihr Baby sich stark für das Essen auf Mamas oder Papas Teller interessiert, wissen Sie, dass es nun so weit ist. Zunächst muss Ihr Baby herausfinden, mit welchen Zungenbewegungen es die Nahrung von seinem vorderen Mundraum nach hinten befördern kann. Solange es dieselben Zungenbewegungen macht wie beim Saugen, schiebt es die Nahrung aus dem Mund hinaus. Anfangs passiert das zwangsläufig, aber sobald es alt genug ist, hat Ihr Kind den Bogen schnell heraus, besonders wenn es ihm schmeckt. Dass ihm etwas nicht schmeckt, erkennen Sie übrigens sofort an seinem eindeutigen Gesichtsausdruck.

Mama, was isst du denn da?

Irgendwann wird Ihr Kind unmissverständlich zeigen, dass es einmal probieren möchte, so zu essen wie Sie. Aber Vorsicht vor hohen Erwartungen: Ihr Kind muss nicht gleich nennenswerte Mengen zu sich nehmen und schon gar nicht ganze Milchmahlzeiten durch Beikost ersetzen. Der Appetit auf einen erweiterten Speiseplan kommt, sobald Verdauungs- und Stoffwechselorgane des Kindes entsprechend reif sind. Der Appetit kommt mit dem Bedarf, dieses Prinzip gehört zu den verlässlichsten Funktionen des menschlichen Körpers und funktioniert bei kleinen Kindern noch einwandfrei.

Empfehlungen für den Anfang

Bieten Sie Ihrem kleinen Essanfänger anfangs jeweils nur ein einziges neues Lebensmittel pro Woche an. So können Sie mögliche Unverträglichkeitsreaktionen leicht zuordnen. Sie äußern sich durch Verstopfung oder Pickelchen. Tritt so etwas auf, setzen Sie das neue Lebensmittel sofort ab und warten, bis die Reaktionen abgeklungen sind. Erst dann führen Sie nach einer Pause von mehreren Tagen ein anderes neu ein. Was sich bereits als gut verträglich erwiesen hat, können Sie weiterhin anbieten. Als erstes Essen bieten Sie dem Baby am besten eine Zubereitung aus einer einzigen Gemüsesorte, einer Frucht oder einer Getreidesorte an (immer mit Öl). Wenn Ihr Baby dieses Lebensmittel mag und eine Woche lang gut verträgt, kann in der folgenden Woche demselben Püree eine weitere Zutat hinzugefügt werden, zum Beispiel:

1. Woche: Pastinakenpüree pur
2. Woche: Pastinaken-Kartoffel-Püree
3. Woche: Pastinaken-Kartoffel-Fleisch-Püree.

Rühren Sie von Anfang an einen Teelöffel hochwertiges Pflanzenöl in jeden Brei (zum Beispiel raffiniertes Rapsöl, erst ab dem zehnten Monat kalt gepresstes Öl). Das Öl ist für die Aufnahme der fettlöslichen Vitamine erforderlich (insbesondere Vitamin A, D, E und K).

Verwenden Sie im ersten Jahr kein Salz, keinen Kristallzucker und keinen Honig. Auch Vollmilch verträgt Ihr Baby vorerst nur im Brei und nicht pur als Getränk.

Keine rohen, unerhitzten Lebensmittel: Alles, was Sie in der Schwangerschaft wegen der möglichen Keimbelastung nicht essen sollten, ist fürs Baby jetzt ebenfalls tabu. Reifes, weiches Obst darf roh sein, doch Sie sollten es entweder schälen oder kurz in kochendem Wasser baden, um anhaftende Pilzsporen abzutöten.

BEIKOST AUS DEM BECHER

Wenn ein Baby alt genug ist, möchte es aufrecht sitzend das Essen mit den Händen zum Mund führen. Da es feinmotorisch aber noch nicht so weit ist, mit dem Löffel zu hantieren, bieten Sie ihm doch sein Kürbispüree als Kürbiscremesuppe oder sein Birnenmus als Smoothie aus einem kleinen Trinkgefäß an! So hat Ihr Baby die Möglichkeit eifrig zu üben, den Becher so zu kippen, dass nicht zu viel und nicht zu wenig Brei herausfließt, und es gerade so nippen oder schlürfen kann, wie es das möchte. Rühren Sie beim Zubereiten einfach etwas mehr Wasser in den Brei, bis er die richtige Konsistenz erreicht hat. Smoothies und Cremesuppen sind übrigens auch für den Fall ideal, dass der Stuhl Ihres Babys zu fest sein sollte.

Gläschen kaufen?

Statt selbst zu kochen, sind fertige »Babygläschen« mit Gemüse- oder Obstbrei eine praktische und schnelle Alternative. Sie können sich ohne schlechtes Gewissen dafür entscheiden, wenn Sie darauf achten, dass die Liste der Zutaten klein, überschaubar und verständlich ist. Wichtig: »ohne Zuckerzusatz«.

Gluten

Gluten ist ein Bestandteil von Getreideeiweiß, den Menschen mit der angeborenen Stoffwechselkrankheit Zöliakie nicht vertragen. Ob ein Kind mit dieser Veranlagung auf die Welt gekommen ist, stellt sich erst durch seine Reaktion auf Gluten heraus. In Studien hat man festgestellt, dass das Risiko, eine Zöliakie zu entwickeln, bei Kindern unter zwei Jahren vermindert war, wenn sie während und nach der Einführung von glutenhaltigen Getreidesorten

GRÜNES LICHT FÜR BEIKOST

Alter	Das Baby wird gestillt	Das Baby erhält Formulamilch
1. bis inkl. 4. Monat (16 Wochen lang)	Ausschließlich Muttermilch	Ausschließlich Formulamilch
Ab 5. Monat (17. Woche)	Ausschließlich Muttermilch, bei großer Lust auch gelegentlich Beikost	Formulamilch und Beikostmahlzeiten
Ab 7. Monat (25. Woche)	Muttermilch und Beikost nach Appetit	Formulamilch und Beikostmahlzeiten

Beispiel: Ein Kind, das am 15. Januar geboren wurde, ist ab dem 16. Mai im 5. und ab dem 16. Juli im 7. Monat.

noch häufig gestillt wurden. Deshalb empfiehlt das Forschungsinstitut für Kinderernährung (FKE), kleine Mengen an glutenhaltigen Getreiden schon mit der ersten Beikost anzubieten, also möglichst ab dem fünften Monat, und zwar vorzugsweise solange das Kind noch häufig an der Brust trinken darf. Achten Sie bei der Einführung des ersten glutenhaltigen Getreidebreis auf die Verdauungsreaktion.

Das Allergierisiko senken

Ein bisschen Joghurt probieren, von Papas Frühstücksei naschen, an einem Weizenbrötchen knabbern, ein kleines Fischstückchen lutschen – aber gern! Seit 2009 ist die gesamte Liste von »hyperallergenen« Lebensmitteln ersatzlos gestrichen, die bis dahin in der Babykost vermieden werden sollten. Tatsächlich gilt nun die Empfehlung: An unterschiedliche Lebensmittel sollen Babys ruhig schon in einem Alter herangeführt werden, in dem sie noch mit der immunstarken Muttermilch gestillt werden.

Alles für einen gesunden Schlaf

Jetzt kommen die anstrengendsten Nächte. Es passiert ständig etwas Neues und Aufregendes, davon bleibt der Schlaf leider nicht unberührt. Dabei treibt uns kaum etwas so schnell an den Rand der Erschöpfung wie schlaflose Nächte.

»UND, SCHLÄFT ES SCHON DURCH?«

Keine andere Frage hören Eltern im ersten Lebensjahr ihres Kindes häufiger. Das Durchschlafen gilt als Maßstab für frühe Selbstständigkeit – eine der am meisten geschätzten Eigenschaften in unserer Kultur. Interessanterweise entwickelt sich echte Eigenständigkeit am schnellsten, wenn Eltern sie nicht zu früh einfordern, sondern sich erst darauf konzentrieren, ihrem Baby Geborgenheit zu vermitteln. Es ist wichtig, realistische Erwartungen zu haben, damit Sie sich die Nächte nicht schwerer machen, als sie schon sind. Im Schnitt wachen die meisten Babys im Alter von drei Monaten zwei bis drei Mal pro Nacht auf, mit neun Monaten rund fünf Mal und mit zwölf Monaten wieder zwei bis drei Mal.

Warum Babys aufwachen

Im Schlafprogramm des Babys sind noch keine langen Tiefschlafphasen vorgesehen, denn alle Babys haben einen inneren Drang, sich nachts mehrmals zu vergewissern, dass sie bei ihren Eltern sind. Wissenschaftler erklären das mit dem Schutzbedürfnis, das im Laufe der menschlichen Entwicklung immer eine entscheidende Rolle gespielt hat. Der leichte Schlaf und das häufige Aufwachen können also als kluger Schachzug der Evolution gesehen werden.

Besser: Mama und Baby im selben Bett

Mütter, die mit ihrem Baby im selben Bett schlafen, erleben ein viel geringeres Schlafdefizit als Mütter, die nachts mehrmals aufstehen, weil ihr Baby im Gitterbettchen nebendran oder sogar in einem anderen Raum schläft. Durch die körperliche Nähe passen sich die Schlafzyklen von Mutter und Kind aneinander an, sodass die Mutter nicht aus dem Tiefschlaf geweckt wird, wenn das Baby aufwacht – das ist entscheidend für die erholsame Wirkung des Schlafs.

MEHR SCHLAF FÜR ALLE

Nehmen wir an, Ihr Baby hatte um 19.30 Uhr seine letzte Mahlzeit und schläft um 20 Uhr ein. Sobald es in der Lage ist, sechs Stunden durchzuschlafen, tut es das – wie fast alle Babys – wahrscheinlich ab 20 Uhr. Es schläft wunderbar bis 2 Uhr morgens durch. Von da ab wacht es wieder alle drei Stunden auf, um kurz zu trinken. Wenn Sie selbst wie gewohnt am späten Abend zu Bett gegangen sind, haben Sie also leider überhaupt nichts von diesem großen, lange herbeigesehnten Entwicklungsschritt Ihres Kindes. Deshalb lautet der erste Rat für mehr Eltern-Schlaf in dieser Phase: Geben Sie dem Baby grundsätzlich immer eine Mahlzeit, bevor Sie selbst schlafen gehen! Hat Ihr Baby um 22.30 Uhr seine letzte Mahlzeit und schläft schon bald von 23 Uhr an sechs Stunden durch, dann fallen diese sechs Stunden in Ihre eigene Schlafenszeit.

Am besten fügt sich diese Praxis in Ihren täglichen Ablauf ein, wenn Sie die Mahlzeit beibehalten, die Ihr Baby anfangs immer gegen 22 oder 23 Uhr hatte – lassen Sie es also von Anfang an nicht zu, dass es diese Mahlzeit verschläft. Sie brauchen es dafür noch nicht einmal aufzuwecken, denn das Baby kann auch im Traumschlaf trinken.

Papas Nachtschicht

Ab dem vierten Monat kann das Baby auch mal eine Mahlzeit aus abgepumpter Muttermilch bekommen – vom Papa aus der Flasche – und die Mutter kann endlich mal wieder fünf bis sechs Stunden am Stück schlafen. Wenn Sie tagsüber beispielsweise nach jedem Stillen den Rest der Milch abpumpen, kommt im Laufe des Tages sicher genug für eine Nachtmahlzeit zusammen. Am besten funktioniert so eine Nachtschicht, wenn Sie als Papa das Baby bereits ins Bett bringen oder daran zumindest beteiligt sind. Natürlich müssen Sie den versäumten Schlaf anderntags per Mittagsschlaf nachholen können, also erfolgt Ihr Einsatz vermutlich nur vor arbeitsfreien Tagen. Aber selten ist besser als gar nicht.

IST EIN EINSCHLAFRITUAL NÖTIG?

Viele Eltern machen die Erfahrung, dass ihr Baby nach dem Gute-Nacht-Ritual mit Liedern und Geschichten plötzlich wieder putzmunter ist. Dann hat es schlicht zu lang gedauert. Der Sinn eines Einschlafrituals ist es, das Baby auf den Schlaf einzustimmen. Ausziehen, Waschen, Wickeln, Schlafanzug anziehen, Stillen – wiederholen Sie Abend für Abend dieselben Schritte in genau derselben Reihenfolge. Das erhöht den Wiedererkennungswert, und das Baby kann sich darauf einstellen, was als Nächstes kommt. Vielleicht singen Sie zum Abschluss noch das gleiche Lied – zwei Minuten genügen vollkommen.

SCHLAF AM TAG

Zwischen dem Aufstehen am frühen Morgen und dem Zubettgehen am Abend halten die meisten Babys mit vier Monaten noch vier Nickerchen von unterschiedlicher Dauer. Hier gilt die Regel: Je kürzer die Nickerchen des Babys sind, desto mehr braucht es davon – je öfter Babys tagsüber schlafen, desto kürzer darf das jeweils sein. Tatsächlich ist es in diesem Alter meistens günstiger für das Wohlbefinden, dass das Baby drei bis vier Mal tagsüber schläft als dass es einmal sehr lange schläft und dann viele Stunden überhaupt nicht.

Vier Schläfchen sind okay

Die meisten Babys schlafen im Lauf des Tages einmal etwas länger, zum Beispiel 60 bis 90 Minuten, und die anderen drei Male jeweils nur 30 Minuten. Aber Achtung: Solange man sie im Kinderwagen spazieren fährt oder im Tragesystem trägt, können Babys jetzt oft auch mehrere Stunden am Stück schlafen. Das ist okay, solange die Nächte stimmen. Schlafen Babys tagsüber regelmäßig zu viel, kann es dazu führen, dass es nachts längere Wachphasen gibt, die für die Eltern sehr erschöpfend sein können. Wird dann der Tagschlaf reduziert, ist auch der Nachtschlaf wieder gut. Mit fünf oder sechs Monaten ändert sich der Schlafbedarf wieder.

Pflege und Gesundheit

DER ERSTE ZAHN

Bei den meisten Babys kommt das erste Zähnchen zwischen dem siebten und zehnten Lebensmonat. Normalerweise ist jeder neue Zahn mit einer allgemeinen Unruhe verbunden, die vor allem vorübergehend die Nächte stört.

Daran erkennen Sie, dass Ihr Baby zahnt

Manche Milchzähne kommen völlig überraschend, bei anderen ist vielleicht schon seit Längerem das Zahnfleisch gerötet, geschwollen und sehr empfindlich, auch die Bäckchen sind röter als sonst. Viele Babys sind in dieser Phase reizbar, haben einen wunden Po, Durchfall oder Verstopfung, schlafen schlechter, weinen mehr und wollen nicht alleine sein. Eine anstrengende Zeit für die Eltern, vor allem, weil sich erst rückblickend mit Sicherheit sagen lässt, dass dieser Zustand durch das Zahnen verursacht wurde.

Unwohlsein, das durch das Zahnen entsteht, unterscheidet sich von ernsteren Erkrankungen dadurch, dass es nur kurz auftritt und immer wieder abklingt. Denken Sie bei Schmerzen trotzdem immer auch an andere Erkrankungen. Was Ihrem Baby bei Zahnungsbeschwerden hilft und wie die ersten Zähnchen zu pflegen sind, lesen Sie auf Seite 73.

Auch wenn sich im Mund Ihres Babys noch kein Zähnchen zeigt, spürt Ihr Baby, wie es in seinem

Zähnchen können für unruhige Nächte sorgen, aber wenn sie da sind, ist die Freude groß.

Kiefer arbeitet. Daran können Sie erkennen, ob die Zähne schieben:

- Ihr Baby will unbedingt auf etwas kauen und hat ständig Fingerchen im Mund.
- Der Speichelfluss hat deutlich zugenommen, und Ihr Kind sabbert stark.

DIE KINDERÄRZTLICHE VORSORGE: U4

Die U4 steht zwischen dem dritten und vierten Monat im Kalender. Neben den üblichen körperlichen Untersuchungen geht es vor allem darum, mögliche Koordinations- und Haltungsstörungen aufzuspüren, deren Ursache im Gehirn liegen könnte. Falls Sie beobachtet haben, dass Ihr Baby seine Hände häufig stark faustet, dass es sich in der Bauchlage verdreht oder überstreckt, in der Rückenlage seine Beine nicht abhebt, dass es häufig ausfahrende Bewegungen macht, keine Gesichter fixiert oder auf laute Geräusche nicht reagiert, sollten Sie dies ansprechen. Spielerisch wird überprüft, ob Ihr Baby spontan lächelt und Laute formt, ob es Personen oder Gegenständen mit dem Blick folgt, ob oder wie gut es nach etwas greifen kann.

Impfungen

Erfolgte die erste Impfung gegen Tetanus, Diphtherie, Keuchhusten, Kinderlähmung, Haemophilus influenzae Typ b (Hib), Hepatitis B und Pneumokokken wie empfohlen in der neunten Lebenswoche, kann bei der U4 oft schon die zweite Impfung erfolgen. Auch die Impfung gegen Rotaviren wird fortgesetzt oder beendet.

Für die U5

Der fünfte Untersuchungstermin ist im Alter von sechs bis sieben Monaten vorgesehen (siehe Seite 73). Warten Sie am besten, bis das Baby ein halbes Jahr alt ist. Es ist dann in allem schon ein wenig weiter und wird deshalb einen besseren Eindruck machen. Und das macht Eltern schließlich Freude.

DAS ZEIGT DIE VERDAUUNG

Etliche Babys reagieren im Zuge der Beikosteinführung mit einer veränderten Verdauung. Das ist bis zu einem gewissen Grad normal, solange das Baby keine Beschwerden hat. Die häufigste Reaktion sind dabei eine Stuhlverhärtung und eine Art Verstopfung. Füttern Sie dann eher in der Konsistenz von Cremesuppe oder Smoothie als von Püree und Brei.

Hat das Baby Durchfall?

Häufiger und dünner Stuhl allein ist nicht immer beunruhigend. Schnell stuhlfestigend wirken kann ein roh geriebener Apfel, der an der Luft braun geworden ist. Wenn der Stuhl jedoch plötzlich sehr viel häufiger und dünner wird und

Ein schuppiger Belag der Kopfhaut ist relativ häufig und muss nicht immer Milchschorf sein.

ZUM ARZT!

- Wenn der Durchfall länger als sechs Stunden anhält
- Bei hohem Fieber

das Baby gleichzeitig Anzeichen von Unwohlsein zeigt, besprechen Sie sich lieber mit Ihrem Kinderarzt. Der echte Durchfall zeigt sich beim Baby an einem üblen Geruch und einer ungewöhnlich schaumigen oder schleimigen Beschaffenheit des Stuhls. Dann kommt als Ursache eher nicht die Beikost oder die Zahnung infrage, sondern eine Magen-Darm-Infektion.

BABYS WACHSTUM

Nach den ersten drei Monaten wachsen Babys sichtlich weniger rasch: Sie legen durchschnittlich »nur« noch etwa zwei Zentimeter an Länge und 300 bis 600 Gramm an Gewicht pro Monat zu. Dabei hat jedes Baby sein eigenes Wachstumstempo, das ihm genetisch in die Wiege gelegt wurde. Bei den kinderärztlichen Untersuchungen werden das Längenwachstum, das Gewicht und der Kopfumfang Ihres Babys gemessen und entlang der Perzentilkurven in das gelbe Untersuchungsheft eingetragen. So kann Ihr Kinderarzt mit einem Blick erkennen, wie sich das individuelle Wachstum in Relation zum Durchschnitt verhält.

MÖGLICHE BESCHWERDEN

Pilzinfektion – Soor

Diese Candidapilzinfektion zeigt sich im Mund des Babys in Form eines weißen, fleckigen Belags, der sich nicht leicht abwischen lässt, am Babypopo tritt er als hartnäckiges, behandlungsresistentes Wundsein auf. Soor sollten Sie immer vom Kinderarzt abklären lassen, gegebenenfalls verschreibt er Ihrem Kind für die betroffenen Stellen Antimykotika. Behandeln Sie gegebenenfalls auch Ihre Brust damit und verwenden Sie luftdurchlässige Einmal-Stilleinlagen. Pilzsporen sind sehr überlebensfähig. Wechseln Sie Ihre Wäsche während einer akuten Pilzinfektion täglich und waschen Sie sie bei mindestens 60 °C.

Milchschorf

Sehr viele Babys haben einen schuppigen Belag auf der Kopfhaut, der sich hartnäckig hält, aber das Baby in keiner Weise stört. Weil er etwas unschön ist, möchten ihn viele Eltern entfernen. Im Volksmund heißt er zwar Milchschorf, aber hautmedizinisch nennt man ihn Kopfgneis und spricht nur bei einem juckenden Ekzem im Kopfbereich von Milchschorf. Die fettigen Beläge lassen sich gut mit pflanzlichem Öl aufweichen und dann vorsichtig auskämmen.

Schnupfen

Schnupfen ist nichts anderes als eine gute Abwehrreaktion des Körpers. Allerdings ist eine verstopfte Nase sehr unangenehm für das Baby, weil sie die freie Atmung beim Saugen erschwert. Es kann frustrierend oder auch erschreckend für das Baby sein, wenn es mit dem gleichzeitigen Saugen und Atmen auf einmal nicht mehr klappt. Das am schnellsten wirksame Mittel ist isotone Kochsalzlösung oder Muttermilch. Achten Sie bei Schnupfen besonders darauf, dass Ihr Baby warme Füße hat.

Der 7. bis 9. Monat

Es geht los: Das Baby erobert neue Dimensionen. Es übt, aus eigenem Antrieb voranzukommen und seinen Radius zu vergrößern. Und wenn Ihr Kind nach allen Mühen der Weltentdeckung rechtschaffen hungrig ist? Dann schmeckt Beikost in Form von Brei oder Fingerfood – am liebsten am Familientisch.

Mit allen Sinnen in Beziehung sein

SO NIMMT IHR BABY DIE WELT WAHR

Sehen

Ab etwa einem halben Jahr sieht Ihr Baby die Welt schon so ähnlich wie wir Erwachsenen: Zunehmend lernt das Gehirn, die Informationen aus beiden Augen zu koordinieren. Damit entsteht nun für Ihr Kleines die dritte Dimension, das Tiefensehen. Das ermöglicht ihm das Abschätzen von Höhe und Tiefe. Mit acht Monaten sieht Ihr Kind richtig dreidimensional.

Hören

Mit einem halben Jahr besitzen Babys bereits einen reichen Erfahrungsschatz, um akustische und visuelle Eigenschaften unterschiedlicher Objekte zu verknüpfen – Geschirr klappert meist in der Küche, Flugzeuge dröhnen oben am Himmel. Die Fähigkeit zur genaueren Ortsbestimmung verbessert sich laufend bis hin zum zweiten Geburtstag.

Sprachentwicklung: erste Silbenbildung

Ihr Baby kann jetzt richtig herzhaft lachen und jauchzen. Sprechenlernen geht auch durch Beobachten, denn es gibt Buchstaben, die man sehen kann. Zum Beispiel das »M« in Mama, das »P« in Papa oder »O« und »A«. Kein Wunder, dass Kinder sie am schnellsten nachmachen können – »mamama«, »bababa«. Mit neun Monaten beginnen Babys, erste Worte zu verstehen.

Stimmungen erkennen

Forscher haben herausgefunden, dass sich die Fähigkeit, in der Stimme Gefühle zu erkennen, im sechsten bis achten Monat deutlich weiter ausbildet. Bei sieben Monate alten Babys ließ sich anhand der Gehirnaktivität erkennen, dass sie in der Stimm- und Satzmelodie Gefühle und Stimmungen wie Glück oder Ärger registrieren.

GRUNDPFEILER DER ENTWICKLUNG

So wichtig Nahrung, Wärme und achtsame Pflege sind, so dringend müssen auch diese seelischen Grundbedürfnisse erfüllt werden: Bindung, Kompetenz und Autonomie. Erziehung spielt erst später eine Rolle. Im ersten Lebensjahr geht es um Beziehung und Vertrauen.

- Die sichere Bindung in einer verlässlichen Beziehung ist die Voraussetzung, die ein Baby braucht, um selbstständig die Welt zu erkunden. Wobei es schon bald Bindungen zu mehreren Personen aufbauen kann, die es dann klar hierarchisch ordnet.
- Kompetenz ist für Ihr Baby die wichtige Erfahrung, dass es auf seine Welt Einfluss nehmen kann – zum Beispiel, wie es sich über Laute und Mimik erfolgreich mitteilt und verständlich macht. Oder dass es durch geduldiges Üben irgendwann aus eigener Kraft einen Gegenstand erreichen kann. Daraus erwächst ein gesundes Selbstvertrauen. Der Weg ist das Ziel!
- Autonomie, das Bedürfnis nach Selbstständigkeit, äußert sich in dem Drang, den jedes Baby von Anfang an besitzt: aus sich heraus kreativ zu sein. Wenn Sie mit liebe-

TYPISCH BABY: ORIENTIERUNGSVERHALTEN

In jeder neuen Situation blickt das Baby zunächst in die Gesichter der Eltern. Lächeln sie, nicken sie ihm aufmunternd zu, ist das Neue nicht bedrohlich, sondern interessant. Blicken Mama oder Papa dagegen angespannt oder warnend, dann hält sich das Baby zurück und bleibt in ihrem Schutz. Täuschungsversuche sinnlos: Es spürt genau, ob die Eltern innerlich angespannt sind, auch wenn sie sich bemühen, sich nichts anmerken zu lassen.

voller Aufmerksamkeit bei Ihrem Kind sind, spüren Sie, wann es Hilfe braucht oder nicht und greifen nicht mehr ein, solange das Baby sich bemüht, seine Ideen umzusetzen. Gönnen Sie ihm seine Erfolgserlebnisse!

SICHERHEIT VS. ABENTEUERLUST

Mit seinen zunehmenden sensorischen und motorischen Fähigkeiten wird der Entdeckerdrang Ihres Kindes von Woche zu Woche ausgeprägter. Dabei braucht es jetzt Ihre verlässliche Nähe, die ihm Sicherheit und Geborgenheit vermittelt, damit es sich auf Neues einlassen kann.

ELTERNLIEBE GEGEN STRESS

Erfährt ein Baby viel Liebe von Mutter und Vater, ist es später besser in der Lage, mit den Belastungen und Anstrengungen des Lebens zurechtzukommen. Diese Erwachsenen zeigen sich resistenter gegenüber Stress sowie allen Arten von Leid und Angstgefühlen.

Die motorische Entwicklung

Kaum etwas ist faszinierender als mitzuerleben, wie sich ein Kind allmählich eine Dimension nach der anderen erobert. Weil die Sehkraft immer stärker ausreift, rücken auch weiter entfernte Gegenstände ins Blickfeld Ihres Babys und wollen dementsprechend erforscht werden. Keine Sorge, wenn ein Kind sich länger als andere damit Zeit lässt: Irgendwann werden auch zurückhaltende Babys zu kleinen Welteroberern.

»ÜBUNGEN« IM LIEGEN

Rücken- und Seitenlage

In diesem Alter nehmen viele Babys die Rücken- und Seitenlage nur noch zum Ausruhen ein, ansonsten ist die Bauchlage viel interessanter: Man hat so einen viel größeren Überblick. Von hier starten auch alle Arten der Fortbewegung – sei es Robben, Kreiseln oder Krabbeln.

FREUDE AN DER BEWEGUNGSENTWICKLUNG

Das Baby in seiner Entwicklung zu fördern heißt, ihm Zeit zu lassen und keinem seiner Schritte vorzugreifen. Das Baby zum Beispiel nicht auf die Spieldecke setzen, solange es sich selbst noch nicht hinsetzen kann. Denn erst wenn es sich aus eigenem Antrieb und aus eigener Kraft eine Fähigkeit erarbeitet hat, sind seine Gelenke, seine Muskulatur und sein Gleichgewichtssinn auch reif dafür.

Bauchlage hin und retour

Mit sechs bis acht Monaten drehen sich die meisten Kinder mit Begeisterung aus der Seitenlage weiter auf den Bauch. Jetzt finden auch die meisten irgendwann heraus, wie sie wieder retour in die Rückenlage kommen. Das große Problem ist die Kopfkontrolle: Nachdem das Baby mit einer geschickten Rumpfdrehung und der Hilfe von Armen und Beinen vom Bauch zurück auf die Seite kommt, muss unbedingt zuerst der Kopf gut kontrolliert und sehr sachte abgelegt werden. Erst dann geht es mit einer weiteren Rumpfdrehung wieder ganz auf den Rücken. Diese Kopfkontrolle, die es sich jetzt erarbeitet, ist für das Kind eine sehr wertvolle »Unfallschutz-Versicherung« in der Zukunft.

DAS BABY KOMMT VOM FLECK

Rollen

Vom Rücken auf die Seite, von dort auf den Bauch, vom Bauch weiter auf die andere Seite und wieder weiter auf den Rücken … dass man dabei auch gut von der Stelle kommt, entdecken Babys schnell, und für viele wird daraus phasenweise eine bevorzugte Art der Fortbewegung. Manche Kinder legen auf diese Weise erstaunliche Strecken zurück und sind von dieser Fähigkeit so begeistert, dass sie lange Zeit keine anderen Möglichkeiten erkunden.

Robben und Kriechen

In der Bauchlage wird es nicht mehr lange dauern, bis Ihr Baby übt, durch das wechselseitige Strecken und Beugen der Arme voranzukommen. Es stützt sich auf einen Unterarm, streckt den anderen nach vorne, verlagert dann das Gewicht auf diesen und zieht den anderen Arm nach – jetzt vielleicht noch mit den Füßen schieben: geschafft! Babys haben hochsensible Füße und können ihre Zehen sehr differenziert bewegen, um etwas abzutasten oder um sich gezielt abzustoßen.

Tipp

Zur Sicherheit

Sind Sie auf die Eroberung der Wohnung durch Ihr Baby eingerichtet? Bitte prüfen:

- Liegen Dinge auf dem Boden, an denen Ihr Baby sich verletzen könnte? Sind erreichbare Steckdosen gesichert?
- Gibt es leichte Möbelstücke, die Ihr Baby umwerfen könnte, wenn es versucht, sich daran festzuhalten? Bodenvasen, Stehlampen …
- Woran könnte sich Ihr Baby hochziehen – geben diese Gegenstände sicheren Halt? Gibt es etwas, das herunterfallen könnte, wenn das Baby daran zieht? Elektrokabel, Tischdecken …
- Gibt es harte, scharfe Kanten, an denen sich Ihr Kind zum Beispiel beim Fallen verletzen könnte?
- Sind alle Treppen versperrt?

Vierfüßlerstand

Auch eine Art vom Fleck zu kommen, zwar nicht von hier nach da, aber von unten nach oben: Das Baby stützt sich mit Händen und Knien so kräftig auf den Boden, dass sich sein Rumpf in die Höhe bewegt und abhebt – was für ein Sieg über die Schwerkraft! Der bisher größte Vorstoß in die dritte Dimension und eine wichtige Vorübung zum Krabbeln.

Um krabbeln zu lernen, wippt das Baby für eine Weile im Vierfüßlerstand vor und zurück. Dabei wird ihm klar, dass es sein Gewicht nun ganz anders verteilen muss als bisher. Doch zuerst muss in dieser noch wackeligen Position auf allen Vieren zu einer stabilen Balance gefunden werden. Allein das macht viel Spaß!

GREIFEN UND BEGREIFEN

Ab dem sechsten Monat wird sowohl die Auge-Hand-Mund-Koordination als auch das Feingefühl der Hände immer besser. Das visuelle Erfassen der dritten Dimension macht das zielsichere Greifen von verschiedenen Gegenständen leichter.

Das Baby freut sich besonders, wenn Gegenstände Geräusche von sich geben, und es dabei sehen kann, wie diese entstehen. Bauklötzchen, die zum Beispiel beim Aneinanderschlagen Töne ergeben, sind jetzt besonders beliebt. Noch wird die Hand als Ganzes zum Greifen genutzt. Das ändert sich erst mit etwa acht Monaten, wenn das Baby beginnt, einzelnen Fingern spezielle Aufgaben zu geben. Es übt, zwischen Daumen und Zeigefinger kleine Gegenstände zu fassen. Weil es Daumen und Zeigefinger dabei nicht beugt, sondern gestreckt hält, nennt man diese Greifhaltung »Scherengriff«. Ab dem 7. Monat üben sich Babys außerdem in der Hand-Fuß-Mund-Koordination – auf dem Rücken liegend strecken sie vergnügt die Beinchen in Richtung Gesicht, nehmen die Füße in die Hände und schaffen es, sich ihre Zehen in den Mund zu stecken.

Um die Entwicklung zu unterstützen, sind alle Spielsachen ideal, die leicht zu greifen sind und aus verschiedenen Materialien bestehen.

Stillen und Ernährung

LANGE STILLEN: GUT FÜRS BABY!

Im Alter von sieben bis neun Monaten macht ein Baby täglich aufregende neue Erfahrungen, es bewegt sich immer mehr, verbraucht mehr Energie und damit wächst auch sein Nahrungsbedarf. Die Muttermilch passt sich entsprechend an, ohne dass Sie einen Gedanken daran verschwenden müssten. Mit zunehmender Reife werden Babys schneller satt – sie trinken kräftiger und effektiver als früher, sodass sich die Dauer der Stillmahlzeit verkürzen kann. Auch die Abstände zwischen den Mahlzeiten könnten jetzt länger werden. Wenn das jedoch dazu führt, dass Ihr Baby jetzt nachts häufiger vor Hunger aufwacht, sollten Sie darauf achten, dass es tagsüber weiterhin mindestens alle drei Stunden und dabei jedes Mal auch wieder länger trinkt. So ermöglichen Sie es sich und ihm eher, nachts durchzuschlafen – es muss dann nicht nachholen, was es im Eifer des Tages versäumt hat.

Tagsüber ausreichende Stillmahlzeiten

Ach, ist die Welt bunt und aufregend! Vielen Babys fällt es jetzt sehr schwer, sich auf das Trinken zu konzentrieren. Doch es gibt ein paar Tricks, mit denen Sie erreichen, dass Ihr Baby auch tagsüber ausreichend lange trinkt: Gewähren Sie Ihrem Kind nach jeder Stillmahlzeit eine Pause von etwa fünf Minuten und bieten Sie die Brust dann erneut an, nach dem Motto: Jeder Schluck zählt. Schauen Sie auf die Uhr und stellen Sie sich auf eine Mahlzeit von mindestens 20 Minuten ein – in dieser Zeit bieten

Sie immer wieder die Brust an, spielerisch, ohne jeden Druck und Zwang.

Viele Mütter erleben dann, dass die neue Kürze der Stillmahlzeiten ein Missverständnis war, das Kind braucht eigentlich nur eine Pause und trinkt danach noch einmal richtig weiter. Statt fünf Minuten dauern die Mahlzeiten dann wieder länger – dafür kann das Kind nachts bald wieder (durch-)schlafen, statt seine Mahlzeiten nachholen zu müssen.

Wie lange stillen?

Die Empfehlung der Weltgesundheitsorganisation lautet: »Als globales Ziel für optimale mütterliche und kindliche Gesundheit und Ernährung sollte es allen Frauen ermöglicht werden, ihr Kind bis zum Alter von vier bis sechs Monaten ausschließlich zu stillen und von da ab neben angemessener, ausreichender Beikost weiter zu stillen bis zum Alter von zwei Jahren oder darüber hinaus. Dieses Ideal der Kinderernährung ist zu erreichen, indem man eine angemessene Umgebung von Aufmerksamkeit und Unterstützung schafft, die Frauen eine solche Stillzeit erlaubt.«

Das Baby weint, anstatt zu trinken

Wenn das Baby an der Brust unglücklich wirkt, das Trinken immer wieder unterbricht oder weint, verunsichert das viele Mütter. Sie fragen sich, ob das nun das Ende der Stillzeit bedeutet, ob das Baby nicht mehr satt wird oder ein anderes Problem die Ursache ist. Sprechen Sie auf jeden Fall Ihre Hebamme oder Stillberaterin an, wenn Sie das Problem alleine nicht lösen können! Vielleicht steckt aber auch einer der folgenden Gründe dahinter:

- Kommen Zähnchen? Dann schmerzt oft das Zahnfleisch beim Trinken. Geben Sie Ihrem Baby einen kühlen Beißring, das beruhigt sein Gewebe im Mund.
- Hat Ihr Baby Sie ungewollt gebissen und ist über Ihre Reaktion erschrocken? Reden Sie ihm gut zu und lassen Sie ihm Zeit, sich vom Schreck zu erholen.
- Hat das Baby eine verstopfte Nase?
- Hat das Baby Verstopfung? Das kommt bei größeren Babys manchmal vor, während sie sich an neue Nahrungsmittel gewöhnen. Setzen Sie vorübergehend mit dem Zufüttern aus, und bieten Sie ihm denselben Brei erst nach einer Woche wieder an.

IMMUNSTOFFE IN DER MUTTERMILCH

Kinder, die länger als ein halbes Jahr gestillt wurden,

- erkranken seltener an Infektionen (Verdauungstrakt und Harnwege, Atemwege, Mittelohr, Hirnhäute – das zeigt sich teilweise noch bei Siebenjährigen),
- erkranken seltener an Allergien als Kinder, die nur kurz gestillt wurden,
- werden später viel seltener übergewichtig,
- entwickeln seltener behandlungsbedürftige Zahnfehlstellungen,
- bekommen weniger Autoimmunkrankheiten oder andere unheilbare chronische Erkrankungen wie Diabetes oder Morbus Crohn, auch Krebs tritt seltener auf.

Stillen bei Berufstätigkeit

Die Rückkehr in den Beruf lässt sich mit dem Stillen vereinbaren, sobald das Baby bereit ist, an Mahlzeiten teilzunehmen und dadurch weniger häufig an der Brust trinken muss. Falls es Beikost noch verweigert, kann es Muttermilch aus der Flasche bekommen, die tags zuvor abgepumpt wurde. Oft genießen es gerade berufstätige Mütter, morgens, abends oder vielleicht noch nachmittags nach dem Abholen aus der Krippe beim Stillen die wohltuende Innigkeit mit ihrem Baby zu spüren – das kann gut über die noch ungewohnte Trennung hinwegtrösten. In Zeiten des Umbruchs profitieren Kinder von der intensiven Bindungserfahrung beim Stillen ganz besonders.

BREIFREI: BEIKOST OHNE LÖFFEL

Selbstverständlich darf Ihr Baby auf das Gefüttertwerden verzichten, wenn es lieber mit eigenen Händen essen mag. Am besten bringen Sie dann einfach Speisen auf den Tisch, die sowohl für Sie als auch für Ihr Baby bekömmlich sind. Auch ohne Zähne gelingt es dem Baby jetzt schon, weiche Nahrung im Mund so zu zerkleinern, dass es sie gut schlucken kann.

Die Mahlzeiten des Babys (abgesehen vom Stillen) können von nun an mehr und mehr dann stattfinden, wenn Sie auch selbst essen. Es ist anfangs für viele Eltern ungewohnt, die Mahlzeiten des Kindes mit den eigenen zusammenzulegen, aber falls Sie das bisher nicht schon getan haben, ist jetzt der richtige Zeitpunkt.

Fingerfood fürs Baby

Gemüse, Kartoffeln, Nudeln: Für Ihr Baby ideal sind Stifte oder Schnitze, die es in der Faust halten kann. Dämpfen Sie die Stücke gerade so weich, dass Sie im Babyhändchen nicht zerfallen, sich aber im Mund gut zerdrücken lassen.

Fleisch: Schmoren Sie es schonend oder backen Sie es im Ofen. Auch einen Streifen Steak oder Brathuhn kann Ihr Baby gut in der Hand halten und darauf herumkauen, um den eisenhaltigen Fleischsaft herauszulutschen.

Gesunde Fette: Bieten Sie Ihrem Baby Avocadostreifen an oder in Würfel geschnittenes Brot, das Sie mit Butter oder Mandelmus bestreichen. Letzteres ist reich an wertvollen, ungesättigten Fettsäuren. Dasselbe gilt für Sesammus,

DIE RICHTIGE AUSWAHL DER LEBENSMITTEL

Ungeeignet: Vorerst noch Nüsse oder kleine Fruchtstücke wie ungeschälte Trauben, daran könnte sich Ihr Kind verschlucken. Industrielle Nahrungsmittel mit Konservierungs- und Farbstoffen wie Ketchup, Chips, Fertigsoßen, Schmelzkäse, Geräuchertes.

Gut geeignet: Lebensmittel, die das Kind durch seinen Speichel im Mund schnell einweichen kann, wie Brötchen, Reiswaffeln, gegarte Gemüsestücke, Bananenscheiben, weiche und geschälte Obstschnitze. Viele Krabbelkinder lieben saftige Salatgurke, doch wenn ein Baby hier schon Stückchen abbeißen kann, sollten Sie darauf achten, dass es diese ausspuckt, nachdem es sie ausgelutscht hat. Setzen Sie Ihrem Kind alles, das wiederholt seinen Würgereiz auslöst, erst drei Wochen später testweise wieder vor.

das außerdem besonders viel Calcium, Magnesium, Zink und Eisen enthält. Es schmeckt allerdings besser, wenn Sie es mit etwas süßem Fruchtpüree zu einem Aufstrich vermischen.

Alles für einen gesunden Schlaf

Für Eltern bleibt das Thema Schlaf auch im zweiten Lebenshalbjahr ein wichtiges Thema. Tagsüber freuen sie sich auf kurze Erholungspausen, nachts wollen sie Energie tanken. Und auch dem Baby tut Erholung gut: Jeden Tag muss es viele neue Eindrücke verarbeiten, wächst und entwickelt sich. Bekommt es zu wenig Schlaf, reagiert es überreizt, wird quengelig und unzufrieden. Trotzdem ist es manchmal wie verhext: Gerade im dritten Vierteljahr klagen besonders viele Eltern über auftretende Schlafstörungen.

TYPISCHE SCHLAFRÄUBER

Die Hauptursache für dieses Phänomen liegt in dem großen Entwicklungsschritt, den Kinder in diesem Alter durchlaufen: Sie lernen zwischen bekannt und fremd zu unterscheiden. Sicherheit und Geborgenheit gibt in dieser Situation vor allem die vertraute Nähe der Eltern. Kein Wunder, dass Babys sich immer wieder versichern müssen, dass Mama und Papa noch da sind, und sie nicht etwa unbemerkt allein gelassen haben. Weil das Kind in dieser Entwicklungsphase allmählich erkennt, dass »ich« etwas anderes ist als »du«, entwickelt es oft massive Trennungsängste, die auch zu Schlafproblemen führen können.

Die ersten Zähnchen

So gut wie alle Babys sind nachts unruhiger, wenn sich ihre ersten Zähnchen ankündigen oder durchbrechen, denn es gehört zum Charakter von Zahnungsbeschwerden, dass sie mit einer nächtlichen Verschlimmerung einhergehen – vgl. Seite 73.

Die Bewegungsentwicklung

Motorische Meilensteine erreicht ein Baby nicht ohne Eifer. Er durchströmt seinen ganzen Organismus und lässt die kleine Seele auch nachts nicht los – im Traumschlaf wird das tagsüber Geübte weiterverfolgt und gespeichert.

Lernen heißt sich erinnern

Lernen heißt erinnern, erinnern heißt wissen. Das Baby erinnert sich, welche Bewegungen es machen muss, um zu krabbeln. Es kann auf seine Erinnerungen zurückgreifen und seine Entwicklung an der Stelle weiterführen, an der es zuvor unterbrochen wurde.
Für den zweiten Schritt des Lernens, das Abspeichern der Erfahrungen in die Gehirnebene der Erinnerung, ist der Traumschlaf zuständig. Deshalb ist dieser ein unruhiger Schlaf – das Gehirn ist dabei sehr aktiv. In dieser Entwicklungsphase, die von motorischen Meilensteinen bestimmt wird, ist der Schlaf Ihres Babys besonders unruhig.

Hunger in der Nacht

Eigentlich kann man davon ausgehen, dass ein Baby im zweiten Lebenshalbjahr alt genug ist, um nachts für sechs bis acht Stunden keinen Hunger mehr zu haben, weil es seinen größten Nahrungsbedarf im Laufe des Tages decken könnte. Doch es gibt ein paar Gründe, warum es dennoch nachts vor Hunger erwacht.

Zu viel Ablenkung

In dieser Entwicklungsphase gibt es für viele Babys tagsüber so viel zu erleben, dass sie keine Zeit mit Trinken vergeuden mögen und erst nachts entspannt genug sind, sich ausreichend zu sättigen. Deshalb müssen die Eltern ihrem Baby in diesem Alter helfen, tagsüber satt zu werden. Die Lösung liegt darin, dass Ihr Baby nicht erst kurz vor dem Schlafengehen, sondern schon den ganzen Tag über ausreichend Muttermilch- oder Formulamilchmahlzeiten zu sich nimmt.

Einführung von Beikost

Ab dem sechsten Monat kann die Einführung der Beikost bei Babys zu nächtlichem Hunger führen, da Säuglinge meist nicht in der Lage sind, 100 Gramm Karottenpüree zu essen, geschweige denn 200 Gramm, die sie zu sich nehmen müssten, um annähernd die gleiche Kalorienmenge zu erhalten, die sie mit der Muttermilch bekommen. Solange Ihr Baby nachts aufwacht, um an der Brust zu trinken, sollten Sie es tagsüber noch in kurzen Abständen stillen, auch wenn es zu den »guten Essern« gehört. Verteilen Sie Babys Gemüsebrei lieber auf mehrere kleine Zusatzmahlzeiten, anstatt eine Brustmahlzeit dafür zu streichen.

Die Macht der Gewohnheit

Viele Gründe können dazu führen, dass das Baby nachts auf einmal wieder häufiger aufwacht – und die Brust ist immer der schnellste und effizienteste Weg zurück in den Schlaf. Einziger Nachteil: Ab dem sechsten / siebten Monat gewöhnt sich das Baby dabei leicht an die nächtlichen Mahlzeiten, und der Appetit wird tagsüber gedämpft. Was können Sie tun? Der Anteil seines Gesamtbedarfs, den es nachts getrunken hat, muss wieder in den Tag gelegt werden. Sorgen Sie zuerst dafür, dass Ihr Baby tagsüber wieder mehr trinkt. Führt das nach ein paar Wochen nicht von selbst dazu, dass das Baby nächtliche Mahlzeiten reduziert oder auslässt, hilft Papas nächtlicher Einsatz (siehe Seite 43 und 58) dem Kind bei der Umgewöhnung.

DAS ABENDLICHE EINSCHLAFRITUAL

Ihr Baby ist in diesem Alter stark damit beschäftigt, Gesetzmäßigkeiten und Muster zu erkennen. Bei allen Kindern nimmt das angenehme Gefühl zu, sich auszukennen, wenn es möglichst viele unwandelbare Abläufe in ihrer Tagesroutine gibt. Wenn Sie auch den letzten Teil des Abends vorhersehbar gestalten, hilft es Ihrem Kind, sich innerlich auf die kommende Nacht einzustellen. Lassen Sie die Aktionen immer in derselben Reihenfolge ablaufen – zum Beispiel: Abendessen, Umziehen, Waschen, Wickeln, Zähneputzen, Hinlegen, Singen, Einschlafen. Jeder Teil dieses allabendlichen Ablaufs wird dabei zu einer Art Wegweiser, an dem sich das Bewusstsein Ihres Babys orientieren kann: Es weiß, das ist der Weg in den Schlaf.

Übergang in die Nacht

Machen Sie die letzte Stunde des Tages für Ihr Kind zu einer friedlichen Zeit, in der es ganz besonders viel Liebe und Geborgenheit tanken kann. Das erleichtert ihm den Abschied vom Tag und den Übergang in die Nacht. Tobespiele

werden am besten rund eine Stunde vor dem Zubettgehen beendet, sonst ist Ihr Kind zu aufgedreht, um gut in den Schlaf zu finden.
Zuletzt kommt das kleine Bettgeh-Ritual im Schlafzimmer: Vielleicht sagen Sie zuerst dem Lieblingsstofftier Gute Nacht, dann legen Sie Ihr Baby hin, decken es zu, singen ihm ein kleines Schlaflied vor und machen seine Spieluhr an, bevor Sie das Licht löschen, hinausgehen und die Tür einen Spalt offen lassen. So ist für Ihr Kleines ganz klar: Jetzt ist Schlafenszeit.

Papas Nachtschicht
Wenn Ihr Kleines nachts aufwacht und eigentlich nur sichergehen will, dass jemand da ist, spürt und riecht es in den Armen der Mutter natürlich die Brust und bekommt entsprechend Appetit darauf. Die Umgewöhnung des Babys funktioniert am leichtesten, wenn Sie als Papa nachts den Babydienst übernehmen, während Mama vorübergehend im Wohnzimmer schläft und Ohrstöpsel benutzt. Tun Sie also Ihr Bestes, damit es die Erfahrung machen kann, sich auch so wieder in den Schlaf zu mümmeln. Wichtig: Als Mutter sollten Sie keinesfalls einfach ins Zimmer kommen, weil Sie meinen, dass es jetzt ohne Sie nicht mehr geht. Warten Sie stattdessen, bis Papa mit dem Baby kommt oder Sie holt. Das ist für Ihr Kind wichtig, denn es muss wissen, wer wann zuständig ist – und auch für Ihren Partner, denn er braucht die Gewissheit, dass Sie ihm zutrauen, dass er alleine klarkommt.

SCHLAF AM TAG

Schon mit sieben oder acht Monaten halten die meisten Babys von einem Tag zum anderen plötzlich nur noch zwei Schläfchen zwischen dem Aufstehen am frühen Morgen und dem Zubettgehen am Abend. Damit beginnt zum ersten Mal im Leben Ihres Kindes ein Rhythmus, den es länger als wenige Wochen beibehält. Tagsüber zweimal schlafen wird es nun mindestens vier Monate lang – so einen festen Rhythmus hat es bis dahin noch nie gehabt.

Viel Geduld bei der Umstellung
Diese Umstellung verläuft aber nicht bei jedem Kind unbedingt problemlos, denn der alte Rhythmus funktioniert nicht mehr, und der neue hat sich noch nicht eingespielt. Beginnt Ihr Baby beispielsweise, statt dreimal täglich nur noch zweimal täglich zu schlafen, wird es eines Tages zur gewohnten Zeit nicht mehr einschlafen können. Das heißt aber nicht unbedingt, dass es nun bis zum nächsten Nickerchen munter und vergnügt bleibt. Im Gegenteil: Es

Tipp

Die Nachtmahlzeiten »ausschleichen«

Wenn Sie das Gefühl haben, dass Ihr Kind seinen Hunger vor allem nachts stillt, können Sie sich mit diesem Trick behelfen: Verdünnen Sie die Nachtfläschchen in winzigen Schritten mit Wasser. Vom Geschmack her wird es Ihrem Kind nicht auffallen, aber sein Stoffwechsel wird bemerken, dass weniger Kalorien in der Nahrung waren und daher den Appetit am Tag hochfahren. Dann brauchen Sie Ihrem Baby nur noch tagsüber mehr Milchnahrung zu geben, und im Nu hat es sich nächtlichen Hunger abgewöhnt.

kann ganz schön quengelig und verzweifelt werden, bis es schließlich eine Stunde später in den Schlaf findet. Am nächsten Tag klappt vielleicht alles wieder wie gewohnt, und am dritten ist es wieder ganz anders. Erst allmählich setzt sich der neue Rhythmus durch. Verzweifeln Sie in solchen Umstellungsphasen nicht: Sie haben nichts falsch gemacht, und bald ist die anstrengende Zeit überstanden. Manchmal kann es helfen, sich sozusagen auszuklinken und den Posten des »Schlafmanagers« an Ihr Kind zu übergeben: Wenn es zu müde ist, um noch Spaß auf der Spieldecke zu haben – ab ins Tragetuch mit ihm, am besten auf dem Rücken. Da kann es dann schlafen oder nicht, während Sie jetzt wunderbar Hausarbeiten erledigen können. Hat das Baby sich dort ausgeruht und ist wieder bei Kräften, dann legen Sie es erneut auf seine Spieldecke. In diesem Wechsel kommen Sie sicher entspannter durch den Tag.

BRAUCHEN BABYS EINEN FESTEN RHYTHMUS?

Manche Kinder kommen schon mit etwa sechs Monaten in ihrem gesamten Schlafverhalten durcheinander, wenn sie tagsüber nicht immer zur selben Zeit schlafen können – etwa wegen eines Babyschwimmkurses oder durch einen Arztbesuch. Dabei lässt sich so eine einmalige Ausnahme nicht immer verhindern. Wöchentlich stattfindende Kurse aber sollten möglichst in Übereinstimmung mit der »inneren Uhr« des Kindes geplant werden. Wenn Ihr Kind zu jenen gehört, die nicht jederzeit und überall leicht in den Schlaf finden, würde es ihm helfen, wenn Sie feste, ungestörte Schlafenszeiten einrichten – an allen sieben Tagen der Woche.
Für das nächtliche Durchschlafen ist ein fester Tagesrhythmus dann notwendig, wenn ein Kind jede Nacht zu ganz unterschiedlichen Zeiten wach wird. Das ist ein Symptom dafür, dass das Baby einen feste(re)n Rhythmus braucht, um sich den nötigen Schlaf zu holen.

Trösten oder weinen lassen?
Wenn Ihr Baby schreit, dürfen Sie sicher sein, dass es nicht die Absicht hat, Sie zu manipulieren. Ein Kind, das verzweifelt schreit, ist verzweifelt. Wenn Ihr Baby auf Ihrem Arm jedoch nur mehr oder weniger vor sich hin weint, egal ob Sie ruhig mit ihm auf und ab gehen, ihm ein Schlaflied singen oder mit ihm auf dem Pezziball hopsen – dann könnte es eine gute Idee sein, es auch einmal abzulegen. Manchmal ist dieses Weinen aus Müdigkeit ein Weg, um in den Schlaf zu finden. Es wird nicht intensiver, wenn Sie das Baby ablegen und in Ruhe lassen, sondern hört bald danach auf. Probieren Sie es ruhig aus.

Pflege und Gesundheit

DIE ERSTEN ZÄHNCHEN

Gleichzeitig mit dem Durchbruch der ersten Zähnchen treten in diesem Alter oft auch die ersten Infekte auf. Ist das der Fall, lässt sich schwer bestimmen, inwiefern die einzelnen Faktoren zur Unruhe des Babys beitragen.

Das Milchgebiss

Normalerweise erscheinen erst unten und dann oben alle vier Schneidezähne. Dann folgen – selten vor dem ersten Geburtstag – nacheinander zunächst vier Backenzähne und meist erst danach die vier Eckzähne. Im Alter von rund 30 Monaten ist das Milchgebiss meistens vollständig vorhanden.

Das hilft Ihrem Baby beim Zahnen

- Tupfen Sie mit den Fingerkuppen oder einem Wattestäbchen ein wenig gekühlten Kamillentee auf das Zahnfleisch. Der Tee wirkt leicht entzündungshemmend und kühlend.
- Da Ihr Baby versucht, sein Zahnfleisch zu massieren, indem es auf allem herumkaut, was es in die Hände bekommt, können Sie ihm einen gekühlten Beißring anbieten. Vor allem, wenn sein Zahnfleisch stark gerötet ist. Kühlen Sie den Ring jedoch nie im Gefrierfach, da er dann am Kiefer oder an den Lippen festfrieren und die Haut verletzen könnte!
- Nicht unbedingt schmerzstillend, aber angenehm, um darauf herumzukauen, sind auch Möhren, Selleriestücke, Apfelschnitze, feste Brotrinden und dergleichen. Da das Baby seine Nahrung noch lange nicht selber zerkleinern kann, auch wenn die ersten Zähnchen schon da sind, ist dieses Kauen eine wichtige Übung, die ruhig zur Gewohnheit werden darf, auch über die Zahnungszeit hinaus. Aber Vorsicht: Lassen Sie das Baby nie allein dabei, es könnte einmal ein Stückchen davon abbeißen und sich daran verschlucken.

VORSICHT BEI SCHMERZMITTELN

Weil chemische Schmerzmittel wie Nurofen-Kinderzäpfchen oder Paracetamol-Säuglingszäpfchen nicht so harmlos sind wie früher angenommen, sollten sie dem seltenen Notfall vorbehalten bleiben.

- Wenn Sie sicher sind, dass Ihr Kind zahnt, können Sie ihm in einer besonders schlimmen Nacht auch mit einem Zäpfchen zur Ruhe verhelfen. Fragen Sie in der Apotheke nach geeigneten Präparaten.

Zahnpflege

Reinigen Sie die Zähnchen Ihres Babys von Anfang an. Das geht am besten mit einem Läppchen oder Wattestäbchen. Sobald Ihr Baby mit Ihnen gemeinsam vor dem Spiegel stehen kann, ist die Zeit für seine erste Mini-Zahnbürste gekommen. Wie sie verwendet wird, darf es dann mit den Großen am Waschbecken üben.

DIE KINDERÄRZTLICHE VORSORGE: U5

Wie bei jeder Vorsorgeuntersuchung wird Ihr Kind gemessen und gewogen. Die Ergebnisse werden ins gelbe Untersuchungsheft eingetragen. Danach werden seine Reflexe getestet und außerdem Herztätigkeit, Atmungsfunktionen, Hals, Nase und Ohren untersucht.

Neben dieser routinemäßigen Erhebung von Gesundheitsstatus und Entwicklungsstand liegt der Fokus bei dieser Untersuchung auf der Interaktion des Kindes mit seiner Umwelt – wie reagiert es auf seine Umgebung: Hält es beispielsweise Blickkontakt, und wie verhält es sich dabei? Wie verhält es sich zu Hause? Greift es gezielt nach Gegenständen in seiner Nähe, tut es das mit beiden Händen oder lieber immer mit derselben Hand? Wie steht es mit seiner Geschicklichkeit, kann es beispielsweise einen Gegenstand von der einen Hand in die andere nehmen? Wie ist seine motorische Entwicklung, welche seiner Bewegungsmöglichkeiten nutzt es: Kann es den Kopf nun in jeder Position sicher halten, stützt es sich in Bauchlage mit den Händen ab? Dreht es sich schon alleine vom Rücken auf den Bauch? Und zurück?

Auf der körperlichen Ebene wird in diesem Alter wiederum das Gehör untersucht anhand der Reaktionen auf verschiedene Geräusche. Sollten in der Familie Sehstörungen, Schielen oder höhergradige Fehlsichtigkeit vorkommen, ist es jetzt an der Zeit, das Kind augenärztlich untersuchen zu lassen. Hier ist Früherkennung besonders wichtig.

DAS ZEIGT DIE VERDAUUNG

Viele Babys reagieren mit durchfallähnlichen Symptomen auf das Zahnen, oder sie bekommen Verstopfung. Das macht deutlich, dass der Mund zum Verdauungssystem gehört: Das ganze System reagiert, wenn ein Teil betroffen ist.

Durchfall

Ist der Stuhl eindeutig viel dünner und zudem viel häufiger als sonst, riecht er außerdem richtig übel, dann müssen Sie von einem Durchfall ausgehen. Handelt es sich um richtigen Durchfall, sollten Sie Ihr Kind vor Ablauf von sechs Stunden seit dem Beginn der Symptome vorsichtshalber zum Arzt bringen.

Verstopfung

Verstopfung zeigt sich im ersten Lebensjahr nicht allein an einer plötzlich verminderten Stuhlfrequenz, vor allem solange das Kind noch voll gestillt wird. Selbst wenn ein gestilltes Baby bisher täglich ein- oder zweimal Stuhlgang hatte und dieser plötzlich zwei oder drei Tage lang aussetzt, betrachtet man das als eine normale Erscheinung der Darmentwicklung. Meistens hat das Kind dann zwar vorübergehend seltener Stuhlgang, aber dafür eine wesentlich größere Stuhlmenge bei jeder erfolgten Darmentleerung und weichen Stuhl.

Manche Babys reagieren auf das Zahnen vorübergehend mit echter Verstopfung, und auch in der Phase der Gewöhnung an neue Lebensmittel kann diese auftreten. Dann ist der Stuhl trockener, vielleicht fester oder sogar hart, und das Baby hat Mühe oder Schmerzen beim Ausscheiden. In diesem Fall hilft nur eine Umstellung der Ernährung. Das Lebensmittel, das die Verstopfung verursacht, muss erst einmal zurückgestellt werden, meistens lehnt das Baby es dann sowieso ab. Hilfreich wirkt Birnenmus. Bieten Sie Ihrem Baby außerdem die Brust öfter an, und wenn Sie nicht mehr stillen, geben Sie ihm häufiger Wasser, Tee oder Birnensaft zu trinken.

Das Baby trinkt zu wenig

Hat ein voll gestilltes Baby seltener Stuhlgang, ohne dass die jeweilige Menge entsprechend größer ist, und hat es in der letzten Zeit nicht gut zugenommen, könnte das ein Hinweis darauf sein, dass es nicht genug trinkt. Klären Sie in diesem Fall entsprechende Fragen zum Gedeihen Ihres Babys mit dem Kinderarzt. Sollte sich der Verdacht dabei nicht auflösen, ist es das Beste, sich rasch von einer Stillfachfrau unterstützen zu lassen, um die Milchmenge zu steigern und das effiziente Trinken zu fördern.

BABYS WACHSTUM

Ungefähr mit einem halben Jahr haben die meisten Babys ihr Geburtsgewicht verdoppelt. Von da ab beträgt die Gewichtszunahme 150 bis 400 Gramm pro Monat. Das optimale Wachstum verläuft ausschließlich auf der Basis individueller genetischer Vorgaben. Ob ein Baby vollkommen gesund heranwächst, kann nur anhand der Gesamtbeobachtung beurteilt werden.

MÖGLICHE BESCHWERDEN

Neurodermitis

Bemerken Sie an Ihrem Baby trockene, raue, etwas erhabene Hautstellen oder auch trockene, rissige Stellen, die schnell ein wenig bluten, dann könnte es sich um eine beginnende Neurodermitis handeln. Meist gehört dazu auch die Veranlagung zu Atemwegssymptomen wie Heuschnupfen und Asthma. Vorbeugend wirkt nachweislich das Stillen über die Dauer von sechs Monaten. Tabakrauch zählt zu den Risikofaktoren, bereits in der Schwangerschaft. Da die Haut bei Neurodermitis nicht genügend Fett produziert, muss dies durch Pflege ausgeglichen werden (siehe Tipp).

Dreitagefieber

Diese ansteckende Herpesvirusinfektion wird durch Tröpfchen übertragen und tritt meist im ersten Lebensjahr auf. Sie beginnt mit plötzlich einsetzendem hohem Fieber bis 40 °C, das nach rund drei Tagen wieder verschwindet. Das Kind ist dabei in seinem Allgemeinbefinden meist nur wenig beeinträchtigt, am ersten Tag mit hohem Fieber kann es allerding schläfrig und quengelig sein. Nach dem Fieber tritt kurzzeitig ein roter Ausschlag auf. Ab diesem Stadium ist das Baby nicht mehr ansteckend.

Tipp

Die richtige Pflege bei Neurodermitis

Cremen Sie Ihr Kind zwei- bis viermal täglich ein und variieren Sie je nach seinem Hautzustand und nach Wetter:

- Fettsalben bei sehr trockener Haut und kaltem Wetter (verordnete Salben zahlt die Krankenkasse).
- Cremes bewahren die Hautfeuchtigkeit weniger. Sie sind im Sommer geeignet und in Phasen, in denen die Haut weniger trocken ist.
- Wenn einzelne Hautpartien nässen, haften Salben meist nicht. Dann am besten Lotionen und Gels verwenden.
- Das Eincremen mit hochwertigen Ölen mit Omega-3-Fettsäuren kann die Rückfettung der Haut unterstützen und zusätzlich entzündungshemmend wirken. Diese Öle werden unterschiedlich gut von der Babyhaut vertragen, also bitte vorsichtig auftragen! Bekannt für ihren reichen Gehalt an Omega-Fettsäuren sind Nachtkerzenöl, Fischöl, Leinöl und andere hochwertige Öle.
- Ebenfalls reich an Omega-Fettsäuren sowie entzündungshemmenden Faktoren und sehr gut verträglich ist Muttermilch, auch äußerlich angewendet.

Der 10. bis 12. Monat

Ihr kleiner Entdecker wird immer mobiler: Die meisten Babys können jetzt krabbeln und beginnen, sich an Couchtischen und Regalen hochzuziehen. Gegen Ende des ersten Jahres machen viele ihre ersten freien Schritte. Wie schnell die Babyzeit vergangen ist ... Wer hätte das vor einem Jahr gedacht?

Mit allen Sinnen in Beziehung sein

SO NIMMT IHR BABY DIE WELT WAHR

Sehen

Seit der Geburt sind die entsprechenden Nervenverbindungen weitgehend herangereift. Die Sehschärfe ist am Ende des ersten Lebensjahres fast so gut wie bei Erwachsenen.

Hören

Mit einem Jahr besitzen Babys ein erstaunlich feines Gehör, es ist teilweise besser als das von Erwachsenen. Als Eltern merken Sie, dass Ihr Baby oft Geräusche aufnimmt, die Ihrer Wahrnehmung eigentlich entgangen wären.

Sprachentwicklung: erste Worte

Obwohl Ihr Baby bereits intensiv mit Ihnen im Gespräch ist, stellen seine ersten richtigen Worte doch einen echten Höhepunkt dar. Bei den meisten Babys ist es zwischen dem neunten und 14. Monat so weit.

Das Sprachverständnis wächst

Mit etwa einem Jahr erkennen Kinder beim Betrachten des Bilderbuchs einzelne Gegenstände wieder und können oft schon darauf zeigen, wenn Sie danach fragen. Schätzungsweise verstehen Einjährige schon etwa 50 bis 100 Wörter. Erst wenn Kinder älter sind, können sie Verbote verstehen und im Kopf behalten, deshalb hilft jetzt nur: Gefahrenquellen ausschließen!

TRENNUNGSANGST UND FREMDELN

Irgendwann zwischen dem siebten und zwölften Monat will Ihr Baby Sie auf einmal keine Minute mehr aus den Augen lassen und schreit, sobald Sie kurz aus seinem Gesichtsfeld verschwinden. Dieses Verhalten wird Fremdeln genannt und ist – so rückschrittlich es auch scheint – eigentlich ein Fortschritt. Denn es bedeutet, dass Ihr Baby zwischen »ich und du« sowie »vertraut und fremd« unterscheidet.

Gleichzeitig existiert jedoch noch kein richtiger räumlicher Begriff und kein Gefühl für Zeit. Sobald Sie aus dem Blickfeld Ihres Babys verschwinden, hat es Sie für sein Empfinden komplett verloren! Total und für immer. Diese Panik wird nachlassen, sobald Ihr Baby in der Lage ist zu erkennen, dass Sie irgendwo da draußen auch dann existieren, wenn es nur Ihre Stimme hört. Ab dann dürfen Sie wieder aus dem Zimmer gehen, ohne dass Ihr Kind gleich schreit, aber gehen Sie nicht zu schnell und lassen Sie die Türen auf, denn es wird vorerst noch hinterherkommen und sich vergewissern wollen. Erst wenn auf diese Weise ein verlässliches geistiges Bild von Ihnen entstanden ist und ein inneres Bild davon, was sich hinter den Wänden und jenseits der Zimmertür befindet, hat es gelernt, dass es Sie immer noch gibt, auch wenn es sie gerade nicht sehen kann.

Vertrautes und Fremdes unterscheiden

Die Phase des Fremdelns ist die denkbar ungünstigste Zeit, um ein Baby an neue Bezugspersonen gewöhnen zu wollen. Hat es die Oma oder die Babysitterin bisher bei ihrem wöchent-

SELBSTWIRKSAMKEIT

In diesem Alter macht Ihr Baby die großartige Entdeckung von Ursache und Wirkung. Insbesondere wird ihm bewusst, dass ein bestimmter Effekt von seinem eigenen Verhalten ausgelöst wurde. Das muss natürlich überprüft werden. Deshalb möchte Ihr Baby jetzt »ständig« das Licht an- und ausschalten oder den Wasserhahn auf- und zudrehen. Auch das »selbst machen« wird enorm bedeutend: das Buch selbst umblättern, alleine in die Gummistiefel schlüpfen … Mehr und mehr erkennt es, wie sich etwas Bestimmtes erreichen lässt, und es verfolgt diese Erfahrung mit unvergleichlicher Ausdauer.

lichen Besuch immer lächelnd begrüßt, wendet es sich nun auf einmal weinend von ihr ab. Eigentlich ist das Baby selbstständiger geworden – es »sorgt« selbst für seine Sicherheit und klammert sich an seine vertrauteste Bezugsperson. Zum Glück dauert die Phase nicht allzu lang.

Spielerisch unterstützen

Sie können diesen Lernprozess unterstützen, indem Sie mit Ihrem Kind verschiedene Kuckuck-Spiele spielen. Hier erleben die Kleinen genau das Phänomen, dass etwas verschwindet und plötzlich wieder auftaucht. Verstecken Sie Ihr Gesicht hinter einem Tuch und rufen »Wo bin ich?« – dann lassen Sie Ihr Gesicht wieder erscheinen und rufen »Kuckuck – da bin ich!« Dasselbe können Sie auch mit Gegenständen, etwa einem Ball machen, den Sie unter einem Tuch verschwinden lassen. Erst wenn das Kind ein verinnerlichtes Bild des Balls besitzt, wird es ihn anhand seiner Kontur unter dem Tuch suchen und es selbst wegziehen. Sobald es den Gegenstand dort sucht, wo Sie ihn gerade versteckt haben, wird es nicht mehr lange dauern, bis die Entwicklungsphase des Fremdelns zu Ende geht.

Ein- und Ausräumen: ein beliebtes Spiel

Besonders interessant sind jetzt Schubladen, kleine Koffer oder Kisten. Gerne holt Ihr Baby seine Sachen heraus und legt sie wieder zurück. Am besten stellen Sie ihm eine Schublade in Küche oder Wohnzimmer mit Plastikschüsseln, Holzbrettchen und anderen unverwüstlichen Utensilien zur Verfügung, die es nach Herzenslust ein- und ausräumen darf. Schubladen mit gefährlichem Inhalt sollten Sie jetzt mit Kindersicherungen verschließen.

Die motorische Entwicklung

DAS BABY WILL HOCH HINAUS

Mit der Aufrichtung erobert sich Ihr Kind die dritte Dimension. Natürlich beginnt es erste Vorstöße schon früh, etwa wenn es in Rückenlage die Arme nach oben streckt. Aber in dieser Entwicklungsphase erforscht es zum ersten Mal die Möglichkeit, sich selbst mit dem ganzen Rumpf vom Boden abzuheben und sich eines Tages komplett aufzurichten und zu stehen.

Das Tempo ist unterschiedlich

Jedes Kind entwickelt seine einzelnen Fähigkeiten in seinem ganz eigenen Tempo (siehe

Tabelle auf Seite 52). Manchmal ist ein Baby zum Beispiel so mit dem Sprechenlernen beschäftigt, dass es vielleicht mit den motorischen Übungen einstweilen Pause macht. Auch brauchen Kinder mit einem kräftigen Knochenbau oft länger als die zart Gebauten, bis sie sich fortbewegen und aufrichten. Aber wenn sie schließlich so weit sind, holen sie ganz rasch auf.

Rücken-, Seiten- und Bauchlage

Liegende Positionen sind nun für die meisten Babys langweilig. Sind sie allein auf ihrer Krabbeldecke, drehen sie sich flink auf den Bauch, und ab geht die Post. Die Bauchlage ist die ideale Ausgangsposition für die nun folgenden motorischen Entwicklungsschritte. Sobald das Kind herausgefunden hat, wie es von links nach rechts und von vorne nach hinten gelangen kann, verspürt es unwiderstehlich den Drang, sich immer weiter aufzurichten.

Tipp

Krabbel-Ausrüstung

Was Ihr Baby jetzt braucht:

- Lockere, bequeme Kleidung, die es nirgends einengt.
- Ihre Mitfreude an seinen Erfolgen. Sie fördern Ihr Baby, indem Sie keinen Entwicklungsschritt vorwegnehmen, Ihr Kind also möglichst wenig passiv hinsetzen und aufstellen.

Was Ihr Baby jetzt nicht braucht:

- Socken oder Schuhe. Barfuß kann Ihr Kind seine Füße besser einsetzen, so kräftigt sich die Fußmuskulatur.
- Glatte Fußböden, auf denen es rutscht, wenn es sich abschieben möchte.
- »Krabbelverhinderer« wie die sogenannten Lauflernhilfen (Gehfrei). Darin werden Füße, Hüft- und Beingelenke sowie die Wirbelsäule eines Babys viel zu früh stark belastet, was später zu Haltungsschäden führen kann.

HILF MIR, ES SELBST ZU TUN!

Die motorische Entwicklung ist ein langer Prozess mit vielen kleinen Einzelschritten, die das Kind selbst gehen muss, damit es die richtigen Grundlagen entwickelt. Die wichtigste Regel lautet: Alles, was Ihr Baby selbst schafft, sollte es auch tun dürfen. Als Eltern brauchen Sie Ihrem Kind auf diesem Gebiet nichts beizubringen, es entwickelt sich dann optimal, wenn es sich alles selbstständig erarbeiten darf. Wenn ein Schritt fehlt, fehlen auch Verknüpfungen im Gehirn, was später zu Bewegungsunruhe und Störungsmustern führen könnte. Kinder mit einer guten Körperkontrolle fallen übrigens auch viel geschickter.

Krabbeln

Krabbeln ist eine vollkommen neue Art der Fortbewegung. Dabei passiert auch im zentralen Nervensystem Ihres Kindes etwas wirklich Neues: Die automatischen Kreuzbewegungen aktivieren gleichmäßig die rechte und die linke Gehirnhälfte.

Um Krabbeln zu lernen, muss Ihr Baby sich viel Mühe geben. Die erste Herausforderung besteht darin, sich aus der Kriech- oder Robb-Position in den Vierfüßlerstand zu stemmen.

Dazu ist viel Kraft notwendig. Hat es sich einmal in den Vierfüßlerstand begeben, findet das Baby durch eifriges Vor- und Zurückwippen zu einem neuen Gleichgewicht: Die Krabbel-Startposition ist gemeistert! Das Baby spürt beim Wippen, dass es nicht vorwärtskommt, wenn es sein Gewicht auf beide Hände oder beide Knie legt – und verlagert es das Gewicht auf eine Körperseite, fällt es sogar um. Nur wenn es das Gewicht diagonal verteilt, wird aus dem Vierfüßlerstand das Krabbeln. Es ist also auch eine gehörige Portion Gehirnakrobatik, die das Kind in dieser Phase bewältigt.

Möglichst lange üben lassen

Durch das Krabbeln wird das Zusammenspiel der beiden Gehirnhälften wesentlich geschult. Daraus entwickelt sich ein Koordinationsvermögen, das Kinder unter anderem später beim Lesen und Schreiben brauchen. Schulkinder, die als Babys das Krabbeln ausgelassen haben, tun sich oft in beidem schwerer. Lassen Sie also Ihrem Baby jetzt gerne viel Zeit für seine Krabbelübungen und widerstehen Sie der Versuchung, es schon an beiden Händen durch die Wohnung zu führen, weil es laufen möchte und alleine noch nicht kann. Ähnliches gilt fürs Sitzen.

Ausgangspunkt Knien

Wenn Krabbelkinder müde werden, setzen sie sich häufig auf die Fersen, um auszuruhen. Dabei findet Ihr Baby eines Tages heraus, dass es auch aufrecht knien kann. Halb kniend streckt es die Arme aus, findet mit den Händchen Halt und übt von nun an, sich zunächst mit einem Bein und bald mit beiden Beinen hochzustemmen. Mit der Zeit lernt Ihr Kind, wie es vollends zum Stehen kommt. Bis zum freien Gehen wird Ihr Kleines noch viele Monate üben müssen. Währenddessen kräftigen sich seine Rumpfmuskulatur und seine Füße, besonders die Fußgelenke. Auch hier ist es wieder ganz wichtig, dass das Baby sich innerhalb seiner eigenen Grenzen bewegen darf.

SICHERHEITSCHECK

Gehen Sie aufmerksam durch Ihre Wohnung und entfernen Sie alle Gegenstände wie Tischdecken und Kabel, an denen Ihr Baby keinen sicheren Halt fände, wenn es sich daran hochziehen würde.

Zu früh laufen ist ungesund!

Wird es dagegen gestützt, gehalten und an den Armen in den Stand gezogen, bevor es selbst dazu in der Lage ist, so begünstigt das spätere Haltungsschäden. Erst wenn ein Kind sich ganz von selbst aufrichten kann, hat es seine Muskeln und Gelenke genug trainiert, damit sie ihm beim Stehen Halt geben können.

Gestützte und freie Schritte

Die ersten noch schwankenden Schritte macht Ihr Kind seitwärts an einem Möbelstück entlang, an dem es sich mit beiden Händen festhält. Um die Fähigkeit, das Gleichgewicht zu wahren, das gesamte Körpergewicht von einem Bein auf das andere zu verlagern sowie mit den Händen umzugreifen, muss es schwer ringen. Immer wieder plumpst es auf den Po, und unermüdlich steht es auf und übt weiter. Wann Ihr Kind seine ersten Schritte tut, ist individuell verschieden. Nur wenige Kinder laufen vor dem ersten Geburtstag – mit eineinhalb Jahren laufen fast alle. Natürlich gibt es auch hier Ausnahmen, ohne dass es sich dabei zwingend um eine Entwicklungsverzögerung handelt.

GREIFEN UND BEGREIFEN

Jetzt heben Babys mit Leichtigkeit Gegenstände auf und können schon mit beiden Händen zufassen. Mit neun bis zehn Monaten perfektionieren Babys den »Pinzettengriff«: Mit der Spitze von Daumen und Zeigefinger greifen sie besonders gerne winzig kleine Dinge auf. Das erfordert Ihre ganze Aufmerksamkeit als Eltern, damit Ihr Kind solche Kleinteile nicht verschluckt.

Dinge bewusst loszulassen wird oft heftig geübt. Dabei rudert das Baby anfangs gern mit den Armen, dass man meint, es wollte etwas in hohem Bogen von sich werfen – aber es möchte eigentlich nur die Hand öffnen und loslassen. Beherrscht es diese Kunst schließlich, macht es ihm großen Spaß, sein Spielzeug absichtlich auf den Boden fallen zu lassen, wenn ihm jemand den Gefallen tut, es immer wieder aufzuheben. Damit will es Sie natürlich nicht ärgern, sondern nur neue Aspekte der Schwerkraft erforschen.

Stillen und Ernährung

WIE LANGE STILLEN?

Die moderne Forschung bietet nicht nur in gesundheitlicher, sondern wirklich auch in jeder anderen Hinsicht überzeugende Argumente für längeres Stillen, gerade auch mit Blick auf die gesunde psychische Entwicklung sowie höhere Intelligenz und Lernfähigkeit der Kinder. Einem gestillten Baby kann man es jetzt durchaus zumuten, auch einmal einige Zeit ohne seine Mama klarzukommen, sofern es schon Beikost bekommt oder die Flasche akzeptiert. Es muss nicht abgestillt werden, nur damit seine Mutter wieder abends ausgehen oder einmal

NÄHRSTOFFE IN DER MUTTERMILCH

Auch »große« Kinder profitieren vom Stillen auf vielfache Weise. Sie können gegen Ende des ersten Lebensjahres oder darüber hinaus noch leicht ein Drittel ihres Energiebedarfs durch Muttermilch decken. Meist trinkt ein Baby in diesem Alter noch zweimal am Tag richtig, nimmt durchschnittlich 500 ml Muttermilch zu sich und deckt damit:

- 95 % seines Vitamin-C-Bedarfs. Die Vitamin C-Konzentration von Muttermilch ist 3,3-mal höher als im Blut der Mutter, es wird bis zu 12-fach angereichert.
- 38 % seines Eiweißbedarfs
- 100 % seines Vitamin A-Bedarfs
- 50 % seines Eisenbedarfs
- 44 % seines Calciumbedarfs
- 41 % seines Niacinbedarfs (ein B-Vitamin)
- 21 % seines Riboflavinbedarfs (ein B-Vitamin)
- 26 % seines Folsäurebedarfs (ein B-Vitamin)

übers Wochenende wegfahren kann. Auch die Brust macht eine vorübergehende Stillpause normalerweise ohne größere Probleme mit.

Noch ein bisschen stillen – lohnt sich das? Die Antwort lautet eindeutig und klar: ja. Stillen, egal wie lange, wie oft oder wie viel, hat ausschließlich positive Auswirkungen auf die Gesundheit des Kindes.

BEIKOST: ESSEN MIT DEN GROSSEN

Auch ein Baby, das bisher noch keine nennenswerten Mengen aus gekauften »Babygläschen« oder von extra zubereiteten Beikostmahlzeiten gegessen hat, braucht dieses Extra-Essen ab dem zehnten Monat immer weniger und spätestens ab dem ersten Geburtstag gar nicht mehr. Stattdessen darf es sich bei so gut wie allem bedienen, was auf den Tisch kommt. Eine kleine Einschränkung besteht darin, dass vorerst weiterhin die Regeln der geeigneten und ungeeigneten Lebensmittel für das erste Lebensjahr gelten (siehe Seite 56).

Was heißt hier Familientisch?

Oberste Regel bleibt nach wie vor, dass kein Kind beim Essen irgendeinen Zwang erfahren soll. Als Sie und Ihr Partner zusammengezogen sind, haben Sie sicher angefangen, alles das auf den Tisch zu bringen, was Ihnen beiden schmeckte. Und jetzt kommt einfach noch das dazu, was Ihr Baby gerne isst. Meistens ist das sowieso dasselbe. Richtig: Das Baby darf auch schon von Ihrem Bergkäse und von Ihrem Thai-Curry probieren. Bringen Sie einfach immer auch kindgerechte Alternativen auf den Tisch.

Wenn Sie sich selbst vegetarisch ernähren, ist das auch für das Baby okay. Dabei ist es wichtig, durch geschickte Lebensmittel-Kombinationen den Wert der pflanzlichen Proteine zu erhöhen. Dies gelingt zum Beispiel durch die Kombination von Getreide und Hülsenfrüchten oder von Kartoffeln mit Ei. Eine vegane Ernährung ist für das Baby nur ausreichend, solange es gestillt

Tipp

Sanftes Abstillen

Das Abstillen geschieht am besten ganz allmählich, indem das Kind sich zunehmend anders ernährt. Möchten Sie bei der Umgewöhnung etwas nachhelfen, dann bieten Sie ihm immer schon zu essen und zu trinken an, bevor es richtig hungrig wird. So fällt es ihm leichter, nicht an die Brust zu denken. Gehört Ihr Kind aber zu den »schlechten Essern«, während Sie abstillen möchten, sollten Sie die Brustmahlzeiten unbedingt durch Formulamilch ersetzen, statt die Milchmahlzeiten zu streichen. Das können Sie zusätzlich tun, um die Milchbildung zu reduzieren:

- Die Brust durchgängig kühlen.
- Täglich vier bis fünf Tassen starken Salbeitee über den Tag verteilt trinken.
- Ausstreichen (unter der warmen Dusche) oder Abpumpen nur, wenn sich die Brust unangenehm voll anfühlt und auch nur so wenig wie unbedingt nötig, damit keine Beschwerden entstehen. Die nie richtig geleerte Brust ist das stärkste Signal an Ihren Körper, die Milchbildung zu reduzieren und einzustellen.
- Die Milchbildung geht automatisch zurück, sowie die Nachfrage sinkt.

wird und noch mindestens zwei volle Mahlzeiten an der Brust trinkt. Danach muss das fehlende Vitamin B12 durch Nahrungsergänzungsmittel aufgestockt werden, ebenso wie bei Erwachsenen.

Müssen Milchmahlzeiten ersetzt werden?
Solange ein Kind noch keinen Appetit auf das Essen der Großen hat, darf es weiterhin das bekommen, was es bisher mochte. Dies gilt umso mehr, wenn dieses Lieblingslebensmittel die Milch ist! Kinder, die »schlecht« essen, tun das nicht deshalb, weil sie nach Herzenslust Milch bekommen – wissenschaftlich erwiesen ist, dass sie auch ohne Milch nicht »besser« essen würden, mit Milch aber besser gedeihen.

Alles für einen gesunden Schlaf

Dass Babys und kleine Kinder oft die Körpernähe von Erwachsenen und/oder schaukelnde Bewegungen brauchen, um einschlafen zu können, ist ganz normal. Also: Tragen, schaukeln, kuscheln Sie Ihr Kind in den Schlaf – und nutzen Sie diese Minuten als Erholungspause.

Durchschlafen
Sie dürfen durchaus sagen, dass Ihr Baby durchschläft, solange es nachts nur kurz sein Bedürfnis nach Nahrung und Nähe stillt und dann sofort weiterschläft. Untypisch ist es hingegen, dass ein Kind jede Nacht für eine Stunde oder länger wach bleibt. Hier liegt eine Störung vor. In den allermeisten Fällen liegt dieses Schlafverhalten daran, dass das Kind tagsüber zu viel schläft. Das ist nicht grundsätzlich verkehrt. Aber wenn es nachts wach liegt, dann sollten Sie den Schlaf am Tag verkürzen. Gehen Sie dabei behutsam vor und wecken Sie es jeden Tag nur zehn Minuten früher auf, bis es nicht mehr länger als eine bis eineinhalb Stunden am Stück schläft – maximal zweimal täglich.

Angstträume und Schreckgespenster
Die Welt, der das Kind im Schlaf begegnet, ist ein unbekannter Ort – und es muss sich ganz alleine dorthin begeben. Das Zubettgehen und Einschlafen erfährt ein kleines Kind deshalb immer auch als Trennung von den Eltern. Das Einschlaf-Ritual bekommt in diesem Alter eine neue Bedeutung. Wenn es dabei die bedin-

Tipp

Hilfe bei Nachtschreck

- Kümmern Sie sich schnell um Ihr Kind, wenn es mitten in der Nacht zu schreien anfängt. Lassen Sie es so wenig wie möglich warten.
- Machen Sie Licht an, damit Ihr Baby leichter in die Realität zurückfindet.
- Tun Sie alles, was Ihrem Baby hilft, sich zu beruhigen. Nehmen Sie es in die Arme, sagen Sie ihm tröstende Worte oder summen Sie ihm eine besänftigende Melodie vor. Versuchen Sie vor allem selbst ruhig zu bleiben und Ihrem Kind das beruhigende Gefühl von Geborgenheit zu vermitteln.
- Bleiben Sie so lange bei Ihrem Kind, bis es sich beruhigt hat.

gungslose Liebe und den Schutz seiner Eltern spürt, wird das dem Kind helfen, gut in den Schlaf und gut durch die Nacht zu kommen.

Ob Ihr Kind von bösen Träumen aufgeschreckt wurde, erkennen Sie daran, dass es schon schreiend aufwacht und nicht erst kurz nach dem Aufwachen zu weinen beginnt – und sich relativ rasch beruhigt, wenn Sie es in den Arm nehmen und trösten.

Babys Schlafbedarf

Der Schlafbedarf ist von Baby zu Baby sehr verschieden. Ob Ihr Kind genug Schlaf bekommt, erkennen Sie daran, wie zufrieden und aufmerksam es sich in seinen Wachphasen zeigt. Hat ein Baby nicht genug geschlafen, wird es sich von den Eindrücken, die sich ihm bieten, oft überfordert fühlen. Müde zeigt es sich eher quengelig und fühlt sich häufig nur einigermaßen wohl, wenn es herumgetragen wird.

Pflege und Gesundheit

DIE KINDERÄRZTLICHE VORSORGE: U6

Bei der U6 gilt ein besonderes Augenmerk der Bewegungsentwicklung. Falls Ihr Kind noch kein Interesse daran zeigt, mobil zu werden oder es noch nicht aufrecht frei sitzt, sollten Sie diese Beobachtung auf jeden Fall ansprechen. Das gilt auch, wenn es kleine Gegenstände noch nicht von einer Hand zur anderen geben kann. Bei Bedarf verordnet der Kinderarzt therapeutische Maßnahmen für die Bewegungsentwicklung. Neben den grobmotorischen stehen auch die feinmotorischen Fähigkeiten des Babys im Fokus: Beherrscht das Kind den Pinzettengriff, erforscht es seine Umwelt, indem es Gegenstände von allen Seiten betastet? Auch die Sprachentwicklung wird betrachtet: Reiht das Kind Silben aneinander, ordnet es Worte oder Laute zu?

Außerdem wird die Entwicklung der äußeren Geschlechtsorgane untersucht und erneut das Gehör getestet. Da fast jedes Kind zwischen der U5 und der U6 seine ersten Zähne bekommt, wird auch die Zahnpflege ebenso angesprochen wie die Rachitis- und eventuell die Karies-Prophylaxe mit Fluorid und Vitamin D.

BABYS WACHSTUM

Im Durchschnitt beträgt das Längenwachstum am Ende des ersten Lebensjahres noch etwa einen Zentimeter pro Monat. Besonders schnell wächst im ersten Lebensjahr das Gehirn. Bei der Geburt hat es ein Drittel seines Erwachsenengewichts erreicht, am ersten Geburtstag wiegt es schon drei Viertel seines späteren endgültigen Gewichts.

MÖGLICHE BESCHWERDEN

Erbrechen

Erbrechen ist beim Säugling nicht dasselbe wie Spucken. Letzteres ist nicht besorgniserregend, selbst wenn es nach jeder Mahlzeit vorkommt. Beim Erbrechen hingegen wird die Milch durch einen plötzlichen Krampf im Magen ausgestoßen. Es tritt oft am Beginn einer Erkrankung auf. Deshalb sollten Sie das Baby danach warm und ruhig halten und seine Temperatur messen. Ist sie normal, können Sie abwarten, ob sich das Erbrechen wiederholt. Wenn nicht, dann hat sich

der kleine Organismus durch diese beschleunigte Art der Ausscheidung offenbar erfolgreich gegen irgendwelche Krankheitserreger oder Giftstoffe gewehrt.
Hat das Baby aber Fieber, muss es ärztlich untersucht werden. Kommt Durchfall hinzu, dann ist das Baby in Gefahr, zu viel Flüssigkeit zu verlieren und muss zum Kinderarzt. Vom Beginn der Symptome bis zur ärztlichen Behandlung sollten nicht mehr als sechs Stunden vergehen.

Durchfall

Durchfall liegt vor, wenn der Stuhl wesentlich dünner ist als üblich und zudem häufiger auftritt. Ebenfalls typisch ist ein übler Geruch.
Handelt es sich um richtigen Durchfall, sollten Sie Ihr Kind vor Ablauf von sechs Stunden seit dem Beginn der Symptome vorsichtshalber zum Arzt bringen (beim Kleinkind: 12 Stunden). Vor allem, wenn Erbrechen dazukommt, besteht bei Babys die Gefahr der Austrocknung.

Akute Darm-Invagination

Dies ist eine sehr seltene Störung im Darm, die im Alter zwischen drei Monaten und zwei Jahren auftreten kann. Ein kleiner Darmabschnitt stülpt sich über den vor ihm liegenden und verursacht einen Darmverschluss. Durch die natürlichen Darmbewegungen wird Druck auf die blockierte Stelle ausgeübt, und das führt zu plötzlichen, sehr heftigen Schmerzen, die jeweils wenige Minuten andauern. Charakteristisch ist, dass sie ungefähr im Abstand von 20 Minuten auftreten. Das Baby schreit schrill auf und wird vor Schmerz grau im Gesicht. Zwischen den Attacken muss sich das Baby vielleicht schwallartig übergeben. Wenn Sie diese Symptome beobachten, bringen Sie Ihr Baby so schnell wie möglich zum Arzt.

Schmerzen

Wenn alle anderen Ursachen ausgeschlossen sind und das Baby nicht aufhört zu weinen, könnte es sein, dass es unter Schmerzen leidet. Das liegt vor allem nahe, wenn das Baby besonders schrill oder jämmerlich weint, wenn es sich auch auf dem Arm nicht oder nur sehr kurz getröstet fühlt, und sich allenfalls für ein paar

SCHMERZEN: WORAN ELTERN SIE ERKENNEN

Weil es für Eltern oft so schwer zu erkennen ist, ob ihr Baby weint, weil es Schmerzen hat, haben die Kinderärzte der Liverpooler John Moores University fünf wichtige Anzeichen dafür aufgelistet:

- Das Baby presst mit aller Kraft die Augenlider zusammen.
- Das Baby hat Falten um die Augen herum oder auch über den Augenbrauen.
- Die Lippen des Babys sind verkrampft, ebenso seine Zunge, und es hat tiefe Fältchen um den Mund.
- Das Baby hat die Finger krampfhaft zu Fäustchen geschlossen und hält den Daumen starr darin fest.
- Es spreizt seine beiden großen Zehen weit ab.

Weitere deutliche Warnsignale:

- Das Baby atmet heftig, sein Puls ist beschleunigt, es hat Schweißausbrüche.
- Es hat einen hochroten Kopf oder ist im Gegenteil ganz besonders blass.

WARNSIGNALE

Wenn Ihr Baby schreit und sich einfach nicht beruhigen lässt, liegt der Verdacht nahe, dass es krank ist. Im Folgenden die wichtigsten Hinweise, wann Ihre ganze Aufmerksamkeit gefragt ist:

- Kein gutes Zeichen ist es, wenn sich die Fontanelle prall nach außen wölbt. Lassen Sie Ihr Baby umgehend untersuchen!
- Wenn das Baby quengelt und reizbar ist und seine Mahlzeiten nicht normal trinken will, messen Sie regelmäßig seine Temperatur. Ist diese erhöht, wissen Sie, dass etwas nicht stimmt. Wie oft Sie dann das Thermometer zücken sollten, hängt davon ab, welchen Gesamteindruck Ihr Baby macht – zum Beispiel, ob es zwischendurch gut schläft und danach erholt aufwacht. Wenn sein Verhalten Ihnen insgesamt eher Sorgen macht, und die Temperatur zunimmt, ist es besser, wenn Sie alle zwei Stunden messen. Dies ist vor allem dann angeraten, wenn noch andere Warnsignale dazukommen.
- Fieber, Erbrechen, Durchfall oder Stuhlverhaltung sind Symptome, die auf eine (beginnende) Erkrankung hinweisen können, vor allem wenn sie zusammen mit Reizbarkeit auftreten.
- Alarmierend ist es, wenn Sie beim Abtasten des Bäuchleins feststellen, dass die Bauchdecke des Babys straff gespannt ist und es empfindlich auf den leichten Druck reagiert. Gehen Sie dann sofort zum Arzt.

Sekunden vom Schreien ablenken lässt. Auch wenn keine anderen Symptome dazukommen, sollten Sie sich an Ihren Kinderarzt wenden.

Mittelohrentzündung

Die Entzündung des Mittelohrs (Otitis media) ist mit großen Schmerzen verbunden und eine der häufigsten akut-entzündlichen Erkrankungen im Kindesalter. Ziehen Sie die Möglichkeit immer dann in Erwägung, wenn das Baby beim Schreien mit den Händchen an den Ohren herumfuchtelt oder das scheinbar versucht. Die Schmerzen treten vorwiegend nachts auf, das Baby schreit schrill und herzerweichend. Gehen Sie gleich am nächsten Morgen zum Arzt!

Mundfäule (Stomatitis aphtosa)

Diese unangenehme Infektion im Kleinkindalter wird durch das Herpes-simplex-Virus Typ 1 verursacht, das so weitverbreitet ist, dass im Alter von zwei Jahren acht von zehn Kindern Bekanntschaft damit gemacht haben. Symptome: plötzlich vorhandene Bläschen auf Mundschleimhaut und Zunge, die sich zu weißlichen, sehr schmerzhaften kleinen Stellen verwandeln. Das Kind hat Fieber und fühlt sich krank, seine Halslymphknoten sind vergrößert, es mag aufgrund seiner Schmerzen im Mund nichts essen.

Bieten Sie milde, flüssige, unterschiedliche Speisen an, aber drängen Sie dem Kind nichts auf. Sehr wichtig ist jedoch das Trinken. Mundspülungen oder Pinselungen mit verdünnter Calendula-Tinktur oder lauwarmem Kamillentee können angenehm sein und lindern die Symptome. Eine Vorbeugung und medikamentöse Bekämpfung des Virus ist nicht möglich, doch vereinbaren Sie einen Termin in der Kinderarztpraxis, um Ihr Kind gut beobachten und begleiten zu lassen.

Hand-Mund-Fuß-Krankheit

Diese verbreitete, sehr ansteckende, aber meist harmlose Infektion mit dem Coxsackie-A-Virus kann schon bei Einjährigen vorkommen. Symptome: Bläschen in der Mundhöhle und ein juckender Hautausschlag um den Mund sowie an Handflächen und Fußsohlen. Das Kind kann Fieber haben und sich krank fühlen, über Hals-, Kopf- und Bauchschmerzen sowie Schluckbeschwerden klagen. Gegen die Mundbeschwerden hilft dasselbe wie bei der Mundfäule. Auch hier gibt es keine Möglichkeit vorzubeugen oder das Virus medikamentös zu bekämpfen, doch nach ein bis zwei Wochen ist die Krankheit überstanden. Gehen Sie zum Arzt, um eine sichere Diagnose zu erhalten.

Fieber

Fieber ist eine körpereigene, besonders wirksame Erste-Hilfe-Maßnahme zur Bekämpfung von Krankheitserregern. Bakterien und Viren werden durch die gesteigerte Wärme des Körpers geschwächt und in ihrer Aktivität gehemmt.

So begleiten Sie Ihr Kind bei Fieber

- Bieten Sie ihm häufig etwas zu trinken an, es benötigt mehr Flüssigkeit als sonst.
- Wichtig sind viel Ruhe und Schlaf. Ihr Kind sollte unbedingt zu Hause bleiben.
- Lüften Sie sein Zimmer mehrmals täglich.
- Ziehen Sie Ihr Kind nur leicht an und geben Sie ihm eine leichte Decke oder decken Sie es ab, wenn es zu viel schwitzt.
- Nehmen Sie sich viel Zeit zum Vorlesen oder für ruhige Spiele.
- Wenn Sie fiebersenkende Medikamente für den Notfall im Hause haben möchten, sprechen Sie mit Ihrem Arzt darüber.

Fieber messen

Die Temperatur Ihres Babys messen Sie am besten rektal. Legen Sie sich Ihr Baby entspannt auf den Bauch und ölen die Spitze des Thermometers mit einem neutralen Pflanzenöl ein.

37,5 °C = normale Temperatur
38 °C = leichtes Fieber
38,5 °C = deutliches Fieber
39,5 °C = hohes Fieber

Geben Sie Ihrem Baby kein Aspirin oder andere Mittel mit Acetylsalicylsäure. Wenn es an einer Viruserkrankung leidet, könnte das Krämpfe und Bewusstseinsstörungen herbeiführen.

AB WANN IST FIEBER KRITISCH?

Melden Sie sich mit Ihrem fiebernden Kind noch am selben Tag beim Arzt,

- wenn Ihr Baby jünger ist als drei Monate,
- wenn es sehr viel weint oder schläft und sich kaum wecken lässt,
- wenn es seit drei Tagen über 38,5 °C Fieber hat.

Rufen Sie den Notarzt, wenn Ihr Kind einen Fieberkrampfanfall bekommt. Das ist eine seltene Nebenerscheinung, die normalerweise harmlos, aber durchaus erschreckend ist. Der Arzt wird Ihnen ein Medikament dalassen, für den Fall, dass es sich wiederholt.

DIE ERSTAUSSTATTUNG FÜR IHR BABY

Die wichtigste »Erstausstattung« für Ihr Baby sind Sie selbst. Unser Rat: Schaffen Sie alles, was nicht sofort nötig sein wird, erst später an – Sie wissen dann viel besser, was Sie wirklich brauchen. Oft wird im Voraus viel Geld für Dinge ausgegeben, die man später nie verwendet.

Ausstattung mit Kleidung

Die meistverwendete Anfangsgröße für Babykleidung ist 56 oder 62. Allerdings passt sie nur ein paar Wochen. Kaufen Sie also nicht zu viel!
Kaufen Sie für die ersten Wochen keine Kleidung, die über den Kopf gezogen wird, da Babys das überhaupt nicht mögen.
Als Material empfiehlt sich im Sommer ein Wolle-Seide-Gemisch oder reine Wolle im Winter für alles, was das Baby auf der Haut trägt. Weil sich seine Körpertemperatur anfangs noch nicht gut selbst reguliert, halten Bodys und Hosen aus Wolle-Seide das Baby gleichmäßiger warm als Baumwolle, dadurch fühlt sich das Baby wohler und ist entspannter. Baumwolle hat keine temperaturausgleichenden Eigenschaften und ist deshalb besser erst nach ein paar Monaten geeignet.

Für drinnen

- zwei bis vier Langarm-Bodys
- zwei bis vier Hosen oder Strampler mit Fuß
- zwei bis vier leichte Jäckchen oder Pullis, Baumwolle (Sommer), Wolle (Winter)
- zwei leichte Mützchen (für drinnen)
- zwei Paar Wollsöckchen
- eine dünne Wolldecke zum Einhüllen
- zwei Schlafanzüge (Langarm)
- zwei Schlafsäcke ohne Ärmel oder Kapuze

Für draußen

- eine Ausgehgarnitur entsprechend der Jahreszeit: warme Jacke oder Overall, Mütze, Handschuhe, Söckchen, evtl. Schal
- ein leichter Wollsack (Sommer) oder Schneeanzug (Winter)
- eine Sonnenkappe (Sommer)
- Ausstattung zum Wickeln und Reinigen
- Heizstrahler über dem Wickelplatz (auch im Sommer!)
- sechs Handtücher als Wickelunterlage
- Windeleimer mit gut schließendem Deckel

Wickeln

- Für Stoffwindeln ein parfumfreies Waschmittel oder Neutralseife, keine Weichspüler
- Für Wegwerfwindeln eine große Packung Wegwerfwindeln für Neugeborene
- sechs Mullwindeln, 100 % Baumwolle, ca. 80 × 80 cm (z. B. als Spucktücher geeignet)
- sechs oder mehr Waschläppchen, 100 % Baumwolle, ca. 25 × 25 cm
- Schüssel für warmes Wasser
- kleine Flasche reines Pflanzenöl (z. B. Sonnenblumen-, Oliven- oder Mandelöl)
- ein Kapuzen-Badetuch, 100 % Baumwolle
- Kirschkernkissen, Wärmflasche

AUSSTATTUNG FÜR UNTERWEGS

Kinderwagenkauf

Darauf sollten Sie achten:

- hochwertige Matratze, Federung, luftgefüllte Reifen, Bremse, Sicherheitsgurt
- Verdeck, Luftaustausch ermöglichende Innenverkleidung, abnehm- und waschbarer Stoffbezug

- verstellbare Griffe, Gewicht des Wagens
- kofferraumkompatibel

Babysitz fürs Auto

Achten Sie beim Kauf auf das Prüfsiegel und Prüfnormzeichen. Probieren Sie vor dem Kauf aus, ob der Sitz auch zu Ihren Sicherheitsgurten passt. Für kleine Babys eignen sich nur rückwärtsgerichtete Autositze. Ergonomisch besser als eine Babyschale ist eine Babywanne, in der das Baby auch auf längeren Fahrten gut gesichert und bequem liegen kann.

Tragehilfen

- eine Tragehilfe, die schon für Babys mit ca. 3 kg Körpergewicht geeignet und aus querelastischem Tragetuchstoff gefertigt ist
- ein hochwertiges Tragetuch mit einer Länge von 4,60 bis 5,20 m, je nachdem wie groß die Eltern sind.

Sonstiges Zubehör

- Wickeltasche oder ein Rucksack
- Handtuch oder andere Wickelunterlage
- zwei Ersatzwindeln, eine Garnitur Kleidung
- kleines Fläschchen Pflanzenöl
- zwei kleine feuchte Waschlappen in verschließbarer Plastiktüte
- Papiertaschentücher
- ein Spucktuch

AUSSTATTUNG FÜR DIE ERNÄHRUNG

Für gestillte Babys

Wenn Sie Ihr Baby stillen, dann brauchen Sie nichts anzuschaffen, außer vielleicht

- eine kleine Tube reines Mamillen-Lanolin, um Ihre Brustwarze vor dem Stillen gleitfähig für Babys Lippen zu machen, falls Ihre Haut trocken wirkt.
- Silberhütchen für empfindliche Brustwarzen, die schon ab dem ersten Tag reizmildernd und wundheilend wirken.

Für Ernährung mit Formulamilch

Für die Ernährung mit dem Fläschchen brauchen Sie viel Zubehör, das regelmäßig erneuert werden muss. Hygiene ist im ersten Halbjahr essenziell!

- sechs Milchflaschen mit Feinloch-Saugern
- Flaschenbürste
- Topf zum Auskochen von Flaschen, Saugern und Zubehör oder
- ein Sterilisationsgerät
- sechs Geschirrtücher zum Abdecken der ausgekochten Flaschen und Sauger
- Thermosflasche
- Flaschenwärmer
- eine Packung Pre-Nahrung

SCHLAFEN UND RUHEN

Ein wichtiges Thema im ersten Lebensjahr. Richten Sie sich gemütlich ein!

- Schlafplatz für das Baby angrenzend an Ihren Schlafplatz
- Falls Sie eine neue Matratze oder neue Möbel kaufen: Informieren Sie sich über Schadstofffreiheit. Lassen Sie neue Möbel, Matratzen, Decken etc. außerhalb Ihrer Wohnung mehrere Tage auslüften.
- Federwiege oder Hängewiege anstelle von Stubenwagen, für den Tagesschlaf. Hier hängt das Körbchen an einer speziellen Spiralfeder, die sanftes Auf- und Abwiegen ermöglicht.

- eine Moltonunterlage unter das Laken an Babys Schlafplatz, als Feuchtigkeitsschutz für die Matratze
- drei bis vier Bettlaken
- vier bis sechs Moltontücher (Moltonwindeln) als Unterlage am Kopfende
- zwei Schlafsäcke ohne Ärmel und vor allem ohne Kapuze

SICHERHEIT IN HAUS UND GARTEN

Stürze

- Lassen Sie das Baby niemals auf erhöhter Fläche alleine liegen, legen Sie es lieber auf den Boden, wenn Sie kurz aus dem Zimmer gehen. Auch beim Wickeln bleibt immer eine Hand am Kind, selbst wenn Sie sich nur rasch umdrehen oder bücken wollen.
- Treppen werden für Krabbel- oder Kleinkinder gefährlich. Sichern Sie diese am besten durch ein Gitter, das rund 1,20 m hoch ist, damit Ihr Kind nicht darüberklettern kann.
- Herumliegende Gegenstände und Kabel können sich in Stolperfallen verwandeln. Entfernen Sie diese möglichst, ebenso wie leichte Vorleger, auf denen Ihr Kind ausrutschen könnte. Weitere Gefahrenquellen: glatte, nasse Böden und scharfe / harte Kanten.

Hiebe von Gegenständen

Gefährlich werden herabfallende Gegenstände, wenn Ihr Kind an einem erreichbaren Tischtuch, einer offenen Schublade, einem herunterhängenden Elektrokabel, einer Pflanzenranke oder einem leichten Regal zieht. Achten Sie möglichst darauf, dass etwas Derartiges nicht in Reichweite der Kinderhändchen liegt.

Verbrennungen, Verbrühungen, Strom

- Bringen Sie am Herd ein Schutzgitter an, damit Ihr Kind weder auf heiße Platten fassen noch einen Topf mit heißem Inhalt vom Herd ziehen kann.
- Stromunfälle geschehen durch ungesicherte Kabel, Elektrogeräte und Steckdosen. Für letztere gibt es Abdeckungen aus Plastik, mit denen Sie sie versperren können. Bei Berührung mit Strom muss dieser sofort abgeschaltet werden: Gerätestecker ziehen oder Sicherung ausschalten. Ansonsten das Kind an seiner Kleidung von der Stromquelle wegziehen, ohne seinen Körper direkt anzufassen.

Verätzungen und Vergiftungen

Gesundheitsschädlich sind:

- alle Wasch- und Spülmittel,
- Entkalkungsmittel,
- WC- und Rohrreiniger,
- Fleckentferner,
- Möbelpolituren etc.
- auch Körperpflegeprodukte wie Shampoo, Lotion oder Nagellack

Räumen Sie diese ganz nach oben oder sichern Sie die entsprechenden Türen und Schubladen mit einer Kindersicherung.

- Giftpflanzen wie zum Beispiel Ficus benjamina, Weihnachtsstern, Alpenveilchen oder Efeu. Eine Übersicht finden Sie unter: www.giftpflanzen.com. Verbannen Sie diese Pflanzen aus der Wohnung, vom Balkon und aus dem Garten.
- Schädlingsbekämpfungsmittel. Verwenden Sie keine an Stellen, wo Ihr Kind Kontakt damit haben könnte.

- Nikotin (Zigaretten und Aschenbecher)

In der Wohnung von Rauchern sind KInder giftigen Nikotinablagerungen ausgesetzt, deren krebserregende Stoffe sie beim Krabbeln über Haut, Atmung und Mund aufnehmen. Diese gefährlichen Substanzen, sogenannte Nitrosamine, lauern auf allen Oberflächen in Raucherräumen und finden sich auch im Staub wieder.

Ersticken

Situtationen wie diese sind gefährlich:

- Wenn der Kopf des Babys unter ein schweres Federkissen gerät – diese haben daher seinem Bett noch nichts zu suchen.
- Plastiktüten machen Kinder neugierig, denn sie sind bunt und rascheln, doch über den Kopf gezogen sind sie schnell luftundurchlässig – bringen Sie eine Kindersicherung an der Schublade an, in der sie aufbewahrt werden.
- Kordeln, Schnüre, lose Bänder bergen eine gewisse Strangulationsgefahr.
- Ein Wespen- oder Bienenstich im Mund- und Rachenraum birgt akute Erstickungsgefahr. Lassen Sie aus diesem Grund niemals Flaschen oder Trinkbecher draußen offen herumstehen.

Ertrinken

- Kleinkinder können schon bei einer Wassertiefe ab 10 cm ertrinken, lassen Sie Ihr Kleines deshalb im Badezimmer nie alleine, wenn es in der Wanne sitzt.
- Auch ein flacher Gartenteich stellt für Kleinkinder eine Gefahr dar. Lassen Sie sie deshalb niemals unbeaufsichtigt in der Nähe einer ungesicherten Wasserfläche spielen. Der Teich lässt sich zum Beispiel durch den Einbau eines stabilen Gitters knapp unter der Wasseroberfläche kindersicher machen.
- Schwimmreifen, Schwimmtiere oder Ähnliches dürfen kleine Kinder nur unter Aufsicht verwenden.

Notruf

Schreiben Sie sich die Nummern der wichtigsten Stellen auf einen Zettel und hängen Sie ihn gut sichtbar in der Wohnung auf:

- Notruf (Notarzt, Feuerwehr)
- Giftnotruf
- Kinderärztlicher Notfalldienst
- Krankentransport
- Polizei
- nächste Kinderklinik
- Nachbarin oder sonstiger Ansprechpartner

DIE HAUSAPOTHEKE

Grundausstattung

- Splitter-Pinzette
- Zeckenzange
- Verbandschere
- Einmalhandschuhe
- Kühlkissen (im Kühlschrank lagern)
- Wärmflasche, Kirschkernkissen
- digitales Fieberthermometer
- Brandwundtuch
- Heftpflaster und keimfreies Wundpflaster
- sterile Verbandpäckchen
- sterile Kompressen, 10 × 10 cm
- Mullbinden: 4,6 und 8 cm breit
- elastische Binde, 6 cm breit, mit
- Klammern
- Dreiecktuch

Heilmittel und Arzneien

- Arnika Globuli C30 bei stumpfen Verletzungen, Arnika Salbe bei Prellung, Bluterguss, Verstauchung etc.
- Bachblüten-Notfalltropfen (für Mama), Notfall-Globuli (fürs Baby)
- Brandsalbe und -gel
- NaCl-Lösung 0,9 Prozent (heißt auch: isotone oder physiologische Kochsalzlösung) ist besonders sanft auf gereizter oder verletzter Haut. Wirkt abschwellend auf die Nasenschleimhaut. Erhältlich in Apotheken und Drogerien, aber leicht selbst herzustellen: 9 g Salz in 1 l abgekochtem Wasser auflösen, umrühren, fertig (9 g = 1 gestrichener EL).
- Oleum aconit compositum, bei plötzlich auftretenden, nächtlichen Ohrenschmerzen
- Passiflora-Kinderzäpfchen bei extremer Unruhe in Zahnungsnächten
- Viburcol-Zäpfchen zur Fiebersenkung, ggf. Fieberzäpfchen vom Kinderarzt
- Fieber- und Zahnungszäpfchen

Tees

Ab dem Beikostalter: 1 TL Kraut mit 1 Tasse sprudelnd kochendem Wasser übergießen, bedeckt 10 Minuten ziehen lassen, abseihen.

- Anis- und Fenchelsamen, Melissenblätter: entkrampft bei Verdauungsbeschwerden
- Holunderblüten, Lindenblüten: durchwärmt bei Erkältung
- Isländisch Moos, Eibisch, Salbei, Spitzwegerich, Thymian: lindert Husten
- Kamilleblüten, Verbenenkraut (Eisenkraut): heilend bei Infekten
- Weidenrinde: fiebersenkend

VORSORGE IM ÜBERBLICK

Halten Sie möglichst alle empfohlenen Vorsorgeuntersuchungen ein. Es ist zum Besten Ihres Kindes. Die Kosten werden von der Krankenkasse übernommen.

Standardprophylaxen bei U1 und U2

Bei der U1 werden mit Einverständnis der Eltern zwei Prophylaxe-Maßnahmen durchgeführt, die Vitamin-K-Gabe und die Augenprophylaxe.

- Vitamin K: Bei einem Mangel an dem Blutgerinnungsfaktor Vitamin K – wie er bei etwa einem von hundert Babys besteht – könnten innere Blutungen mit schwerwiegenden Folgen entstehen. So empfiehlt man vorbeugend die Vitamin-K-Gabe für alle Neugeborenen bei der U1, U2 und U3.
- Die Augenprophylaxe vermindert das Risiko einer Augeninfektion, die durch den eventuellen Kontakt mit Gonorrhöe-Erregern und Chlamydien im Geburtskanal entstehen könnte.
  Hier gibt es zwei Methoden: die brennende Silbernitratlösung, die leider nichts gegen Chlamydien ausrichtet, und die antibiotische Augensalbe, deren Wirksamkeit hinterfragt wird. Beide Methoden sind für das Baby unangenehm und beeinträchtigen den wertvollen Blickkontakt. Es ist dadurch berechtigt, die Früherkennung zu bevorzugen, denn auch bei ersten Anzeichen einer Bindehautentzündung könnte das Kind noch gut behandelt werden.
- Vitamin D: Bei der U2 gehört zum Standard die Verordnung von Vitamin D, das für den Calcium-Stoffwechsel wichtig ist und eine Rachitis-Prophylaxe darstellt. Bei Rachitis

wird nicht genug Kalk in die Knochen eingelagert, sie verformen sich. Vitamin D entsteht unter Einwirkung von Sonnenlicht im Körper selbst, so kann es gerade in den Wintermonaten zu einem Mangel kommen, wenn nicht ausreichend Zeit unter freiem Himmel verbracht wird.

FORMALITÄTEN NACH DER GEBURT

Innerhalb von sieben Werktagen: Die Ankunft Ihres Kindes muss beim zuständigen Standesamt gemeldet werden. Dort werden Ihnen mehrere beglaubigte Geburtsurkunden ausgestellt. Mitzubringen sind:

- die Geburtsbescheinigung, welche die Entbindungsklinik oder die Hebamme ausgestellt hat,
- der gültige Personalausweis oder Reisepass der Mutter und ggf. des Vaters,
- bei verheirateten Eltern das Familienbuch oder eine beglaubigte Abschrift davon (Heiratsurkunde),
- bei unverheirateten Eltern die Abstammungs- bzw. Geburtsurkunde der Mutter und ggf. des Vaters, ggf. Nachweis über eine bereits abgegebene Vaterschaftsanerkennung und Sorgerechtserklärungen sowie Abstammungs- bzw. Geburtsurkunde des Vaters. Die Vaterschaftsanerkennung kann bereits während der Schwangerschaft beim Jugendamt kostenlos erfolgen.

Erkundigen Sie sich, ob das Standesamt die Meldung an das Einwohnermeldeamt übernimmt. Falls nicht, melden Sie Ihr Kind dort selbst an und lassen es in die Steuerkarte eintragen. Beim Einwohnermeldeamt bekommen Sie auch den Ausweis für Ihr Kind.

Innerhalb von einem Monat: Angabe des Familiennamens: Eltern, die verschiedene Familiennamen führen, aber gemeinsames Sorgerecht vereinbaren, müssen innerhalb eines Monats nach der Ankunft ihres Kindes den gewünschten Familiennamen des Kindes beim Standesamt eintragen lassen.

Innerhalb von zwei Monaten: Meldung bei der Krankenkasse: Ihr Baby ist automatisch von Anfang an krankenversichert, auch wenn es früher kommt als erwartet. In eine gesetzliche Familienversicherung wird das Kind kostenlos aufgenommen. Ist hingegen ein Elternteil privat versichert und hat das höhere Einkommen, muss seine Versicherung das Kind aufnehmen – gegen einen eigenen Beitrag zwar, aber ohne Risikoprüfung. Sie haben zwei Monate Zeit, um der Versicherung eine Geburtsurkunde zu schicken und es damit anzumelden.

Möglichst bald: Mutterschafts-, Kinder- und Elterngeld beantragen: Das Mutterschaftsgeld wird von der Krankenkasse während der gesetzlichen Schutzfristen gezahlt, nachdem der Kasse eine Geburtsurkunde zugeschickt wurde. Den Antrag auf Kindergeld erhalten Sie beim Arbeitsamt. Sind Sie im öffentlichen Dienst tätig, erhalten Sie ihn von Ihrem Arbeitgeber. Geben Sie den ausgefüllten Antrag zurück, zusammen mit der Geburtsurkunde. Sie brauchen sich nicht sofort darum zu kümmern, denn die Zahlung erfolgt auch rückwirkend. Das Elterngeld wird jedoch rückwirkend nur für die letzten drei Lebensmonate vor der Antragstellung gezahlt, beantragen Sie es also möglichst rasch.

GESETZLICHE REGELUNGEN

Mutterschutz

Alle Arbeitnehmerinnen haben Anspruch auf eine Mutterschutzfrist von mindestens 14 Wochen. Das reguläre Einkommen wird währenddessen durch das Mutterschaftsgeld von der Krankenkasse und einen Arbeitgeberzuschuss ersetzt. Diese arbeitsfreie Zeit beginnt sechs Wochen vor dem errechneten Geburtstermin und endet acht Wochen nach der Geburt. Ist das Baby zu früh zur Welt gekommen oder wiegt bei der Geburt weniger als 2500 Gramm, oder hat eine Frau mehr als ein Baby zur Welt gebracht, endet die Mutterschutzfrist erst zwölf Wochen nach der Entbindung. Wenn ein Baby früher als errechnet zur Welt kam, können die Tage, die vor der Geburt nicht in Anspruch genommen wurden, danach noch freigenommen werden.

Elterngeld

Wer nach der Geburt beruflich zurücksteckt, kann Elterngeld beantragen, um den Einkommensverlust zu mindern. Das **Basiselterngeld** gibt es 14 Monate lang, es wird aber auf zwölf Monate begrenzt, wenn die ganze Zeit nur ein Elternteil das Baby betreut. Die vollen 14 Monate bekommen auch alleinerziehende Eltern.

Das **ElterngeldPlus** ist für Eltern gedacht, die nicht komplett pausieren, sondern in Teilzeit weiterarbeiten. Sie können dann das Elterngeld halbieren und doppelt so lange bekommen. Arbeiten beide Eltern gleichzeitig für vier Monate 25 bis 30 Wochenstunden, erhalten sie zusätzlich vier ElterngeldPlus-Monate als Partnerschaftsbonus pro Elternteil.

Das Bundesfamilienministerium hat alle Informationen rund um die verschiedenen Arten des Elterngelds und deren Beantragung hier zusammengestellt: www.bmfsfj.de > Themen > Familie > Familienleistungen > Elterngeld

FAMILIENERGÄNZENDE BETREUUNG

Kinder können schon sehr früh eine gute Bindung zu mehreren Bezugspersonen aufbauen und davon sogar profitieren. Hier die wichtigsten Faktoren, damit alles gut klappt:

- Lieber öfter kurz als seltener lang: Vier Wochentage à vier Stunden Betreuung sind besser als zwei Wochentage à acht Stunden. Nicht mehr als vier bis fünf Stunden pro Tag sollten es im ersten Lebensjahr sein.
- Je kleiner das Kind, desto ungünstiger sind Lückentage. Lassen Sie Ihr Kind daher an mindestens zwei bis drei Tagen für wenige Stunden in der Krippe betreuen, sonst steht es immer wieder vor einem Neuanfang.
- Das Baby nicht mehrfach fremd betreuen lassen (Krippe, Tagesmutter, Oma).
- Die Stunde nach dem Abholen ganz dem Kind widmen, viel Zeit für Nähe einplanen und Erledigungen verschieben, bis das Baby genug Zuwendung getankt hat.
- Die günstigste Zeit für die Eingewöhnung in eine neue Betreuung liegt vor dem achten Lebensmonat. Leichter fällt es dann erst wieder etwa ein Jahr später, rund um den zweiten Geburtstag herum.

DIE WERDEN SIE AUCH LIEBEN.

ISBN 978-3-8338-2501-9

ISBN 978-3-8338-6195-6

ISBN 978-3-8338-4598-7

ISBN 978-3-8338-3614-5

ISBN 978-3-8338-4172-9

ISBN 978-3-8338-6940-2

Alle hier vorgestellten Bücher sind auch als eBook erhältlich.

G|U

Mehr von GU auf **www.gu.de** und **facebook.com/gu.verlag**

IMPRESSUM

Text:
Vivian Weigert, Dr. Franz Paky

Satz, Lektorat & Herstellung:
bookwise GmbH, München

Bildnachweis:
Cover: links oben: Plainpicture; rechts oben: Fotolia; links unten: Getty Images; rechts unten: Jörn Rynio.
Innen: DPA Picture Alliance 4; Petra Ender 22; Fotolia: 31-3; Getty Images 25, 31-1, 31-2; Imagesource 48; Mauritius Images 6, 59, 60; Plainpicture 62, 76; Sandra Seckinger 11

Druck und Bindung:
Aumüller Druck GmbH & Co. KG in Regensburg

FSC®
www.fsc.org
MIX
Papier aus verantwortungsvollen Quellen
FSC® C017373